SILVIO ZUGARINI

ITALIANI NEGLI STATI UNITI
L'ESPERIENZA DELL'IMMIGRATO E LA SUA IMMAGINE NEL CINEMA E NELLA LETTERATURA ITALOAMERICANA

Ai miei genitori con affetto e gratitudine

O solitudine! Tu patria mia, solitudine!
Come mi parla tenera e beata la tua voce!
F. Nietzsche, Così parlò Zarathustra.

The weight of this sad time we must obey
 Speak what we feel, not what we ought to say
The oldest hat borne most: we that are young
Shall never see so much, nor live so long.
W. Shakespeare, King Lear, Act V, Scene III.

Introduzione

Se si considera la dimensione della popolazione americana di origine italiana, stimata tra i dieci e i venticinque milioni di individui, si può notare che la quantità di studi sull'argomento è stata piuttosto scarsa e spesso incompleta, specie se rapportata all'impatto culturale e sociale che l'esodo italiano ha provocato, in più di centoventi anni, sulla realtà statunitense. Spesso la conoscenza dell'esperienza delle comunità italiane negli Stati Uniti è stata dominata dalla superficialità, e sono stati trascurati importanti fattori sociali e culturali che hanno reso caratteristica e singolare l'integrazione di questo gruppo etnico nella vita sociale della nazione americana. Ancora meno attenzione è stata dedicata alle produzioni letterarie che gli immigrati italiani, ormai diventati "italoamericani" (frutto tipico della fusione delle due culture e tradizioni), hanno prodotto nel corso del tempo, e alla reazione della cultura dominante a questa "invasione", reazione che si è manifestata nella creazione di stereotipi "stampati" da decenni nell' immaginario collettivo della nazione attraverso il cinema e i mezzi di comunicazione di massa.

 Questa ricerca, stimolata da un forte interesse personale anche alla luce di quanto sta accadendo oggi in Italia, che da paese esportatore di immigrati sta diventandone importatore, si propone di colmare, almeno in parte, tali lacune e di chiarire alcuni dei molteplici sviluppi passati, presenti e futuri dell'esperienza della popolazione di origine italiana negli Stati Uniti.

Lo studio è diviso in due parti distinte, ma complementari: una prima parte, prettamente storica e sociologica, in cui si esaminano accuratamente le differenti fasi dell'immigrazione italiana analizzandone le dimensioni demografiche, il carattere istituzionale ed associativo, l'integrazione nella società americana e la situazione attuale; una seconda parte dove viene posta in risalto l'esperienza e l'immagine dell'italoamericano nel cinema e nella narrativa prodotta dagli immigrati stessi.

Il primo capitolo traccia una breve storia dei primi italiani (navigatori, mercanti, avventurieri, missionari) che varcarono l'oceano offrendo il loro contributo all'esplorazione, al popolamento e all'organizzazione del Nuovo Mondo. Si esaminano poi le differenti fasi dell'immigrazione italiana, mettendo in rilievo le cause di questo imponente fenomeno che assunse dimensioni del tutto particolari tra il 1880 e il 1920 quando più di quattro milioni di individui lasciarono il loro paese per stabilirsi nel nuovo continente.

Nel secondo, terzo, e quarto capitolo di questo lavoro ho esaminato i vari aspetti della vita dell'immigrato in America: l'impatto drammatico con una realtà e con dei modi di vita drasticamente differenti; il ruolo delle prime organizzazioni sorte per il sostegno e la tutela degli immigrati; le istituzioni tipiche degli italoamericani tra cui di primaria importanza quella della famiglia; e le varie forme dell'associazionismo.

Mi sono soffermato in particolare sulla costruzione e sullo sviluppo delle comunità italoamericane perché le circostanze in cui gli italiani vennero a trovarsi - quali lo sradicamento, la migrazione, l'adattamento, la creazione di istituzioni ed associazioni - sono esperienze comuni ai vari gruppi di immigrati che si sono recati volontariamente nel Nuovo Mondo spinti dal sogno, tante volte contraddetto dalla realtà, delle "infinite possibilità" per tutti e costituiscono un campione abbastanza significativo nella storia del "melting pot", il crogiolo di razze che gli Stati Uniti hanno creduto di rappresentare nel mondo.

La difficoltosa e lenta integrazione nella società americana, l'ostilità ed il razzismo della popolazione "WASP" fecero sì che gli immigrati si organizzassero in una moltitudine di associazioni che sopperirono ai più diversi bisogni della comunità, da quelli economici a quelli ricreativi. Queste associazioni ebbero un carattere prevalentemente regionale e campanilistico, con i membri provenienti dallo stesso paese, città o regione. Queste istituzioni furono il particolare prodotto di una etnia mediterranea messa a contatto con le condizioni di vita americane, e differirono sia dalle rispettive forme italiane che da quelle di altre nazionalità. Nel corso dei decenni si assistette al graduale decadimento e alla successiva scomparsa di simili istituzioni e anche la stampa italoamericana, importantissima e potente, ebbe un declino inarrestabile e dai circa 110 quotidiani in lingua italiana pubblicati nel 1918 oggi abbiamo un solo quotidiano pubblicato: "Il Progresso Italoamericano" di New York.

Nel quinto capitolo si esaminano i problemi e gli aspetti connessi all'inevitabile integrazione degli italoamericani nel grande *mainstream* della società americana, il successo e la mobilità sociale, la ricerca di una propria identità etnica, la situazione attuale degli americani di origine italiana e i probabili sviluppi futuri.

Nel sesto capitolo ho analizzato l'immagine degli italoamericani nella cinematografia statunitense mettendo in rilievo come

Hollywood abbia radicato nell'immaginario collettivo di una società ormai globale, la figura stereotipata dell'italoamericano come criminale, violento, mafioso ed aggressivo. Solo a partire dalla metà degli anni settanta gli italoamericani sono stati rappresentati sullo schermo in modo più obiettivo e generoso e la loro immagine è stata fatta oggetto di una rivalutazione positiva che tende a rappresentare anche le loro qualità (intelligenza, lealtà, romanticismo, passionalità ecc..).

Nell'ultimo capitolo ho analizzato infine la produzione letteraria italoamericana. Dopo averne tracciato un breve profilo storico dalle sue origini alla situazione attuale, ho cercato di dare una spiegazione del perché la letteratura italoamericana abbia avuto un'incidenza quasi irrilevante sulla letteratura nazionale a differenza di quella di altri gruppi etnici (ebrei, afroamericani, irlandesi). Ho rivolto poi l'attenzione sul genere autobiografico e su due opere in particolare: *The Soul of an Immigrant* di C.M. Panunzio, pubblicata nel 1924, e *Christ in Concrete* di Pietro Di Donato, pubblicata nel 1939, perché costituiscono una preziosa fonte di informazioni sulla vita degli immigrati italiani in America, rispecchiando a livello letterario molti dei temi discussi nei primi cinque capitoli di questo studio: lo sbarco a New York, la lotta per il posto di lavoro, lo sfruttamento operato dai "padroni", i pregiudizi razziali e i contrasti culturali, sociali ed economici tra la vecchia e la nuova realtà.

CAPITOLO I

Caratteri, dimensioni e particolarità
dell'emigrazione italiana negli Stati Uniti

La storia dell'emigrazione italiana in America, si può dire che sia stata iniziata con la sua scoperta, ed in seguito ne accompagnò la crescita e lo sviluppo. La scoperta del Nuovo Mondo infatti, trasformò quasi completamente, sotto molti punti di vista, le concezioni politiche, religiose e sociali del continente Europeo. Questo grande evento, oltre a cambiare la storia dell'uomo, suscitò in alcuni un grande desiderio di conoscenza, di scoperta e soprattutto di nuove opportunità. Così, come gradualmente si ingrandivano le cognizioni sul nuovo continente, l'attenzione economica in primo luogo, ma anche politica e religiosa in seguito, si spostò aldilà dell'Atlantico.

Questa prima emigrazione ebbe un carattere prevalentemente individuale, per quegli uomini che amanti della libertà, sostenuti da un notevole spirito d'iniziativa e sfidando ogni avversità, si incamminavano per quelle nuove vie alla ricerca di un nuovo destino. Le colonie americane, pertanto, furono quelle che più accolsero l'emigrazione di popoli e di uomini, perchè la loro verginità, vastità e ricchezza permisero ciò che paradossalmente non accadde in nessun altro territorio al mondo.

Il tre agosto del 1492, Colombo salpò con tre navi dal piccolo porto di Palos, nella Spagna meridionale, per cercare la via dell'Oriente e delle sue ricchezze. Il 12 ottobre dello stesso anno, sbarcò su di una piccola isola dell'attuale arcipelago delle

Bahamas, che battezzò San Salvador. Anche se nelle sue altre tre spedizioni Colombo fallì nel suo intento di scoprire il passaggio per il continente asiatico, la portata dell'evento fu di dimensioni enormi ed inaugurò una nuova era per il genere umano. Ironia della sorte, il nuovo mondo che il genovese scoprì prese il nome di un altro italiano, il fiorentino Amerigo Vespucci. Vespucci partecipò per la prima volta alle spedizioni verso il nuovo continente nel 1499, ma non ebbe mai il comando delle operazioni e nè scoprì qualcosa personalmente. Fu quello che scrisse che lo rese così famoso e che consegnò il suo nome alla storia. Le lettere che descrivevano i suoi viaggi furono pubblicate a Firenze tra il 1504 e il 1505, contenevano una affermazione secondo la quale Vespucci aveva comandato una spedizione nel 1497 scoprendo un nuovo continente. Anche se la storia di questo suo primo viaggio fu una evidente invenzione, la dichiarazione della sua scoperta guadagnò immediatamente credito come fatto certo, e il nome "America", per indicare il nuovo mondo, cominciò rapidamente ad essere usato in tutta Europa.

I primi italiani che attraversarono l'Atlantico furono altri grandissimi navigatori come Giovanni Caboto che, al servizio dell'Inghilterra scoprì l'isola di Terranova, sbarcò nella Florida, nel Labrador e nella Carolina, per poi arrivare in Canada. Con un equipaggio di soli diciotto uomini nel maggio del 1497 partì dal porto di Bristol, con una piccola imbarcazione chiamata *Mathew*, per guidare la prima spedizione europea nell'America del Nord. Tutte le successive pretese inglesi sulle nuove terre scoperte furono infatti basate sulla sua spedizione.

Anche lui però, come Colombo, non comprese appieno il significato e l'importanza delle sue scoperte, e nel suo secondo viaggio verso il nuovo mondo, Caboto e le quattro navi che erano con lui sparirono senza lasciare traccia.

Seguì il fiorentino Giovanni da Verrazzano che nel 1524 costeggiò le sponde orientali degli Stati Uniti fino a raggiungere Terranova in nome di Francesco I di Francia cercando di trovare l'agognato passaggio a nord per le Indie. L'italiano e il suo equipaggio non trovarono mai il passaggio ma esplorarono la baia di New York ottantacinque anni prima di Henry Hudson. Verrazzano con la sua nave *La Dauphine* fu anche il primo europeo ed entrare nella baia di Narragansett e a doppiare Cape Cod provando che la costa tra la Florida e la *Newfoundland* apparteneva ad uno stesso continente.

Altri italiani, sempre in questi anni, passarono e ripassarono l'Atlantico per vedere personalmente tutte le meraviglie del Nuovo Mondo, ed osservare se tutte quelle immense risorse potevano essere utilizzate dalle popolazioni europee perennemente in difficoltà. Altri fecero conoscere la scoperta del nuovo continente con scritti, opere, carte e planisferi, (il planisfero dell'italiano Matteo Ricci nel 1500 era l'unico consultato ed apprezzato), non tanto per interesse personale, ma per fornire una guida utile verso quella terra vergine ed abbondante, allora aperta a tutti. Oltre a Colombo, Vespucci, Giovanni da Verrazzano, ed altri navigatori ed avventurieri del periodo, troviamo Enrico Tonti, il luogotenente di La Salle che lo accompagnò dal 1679 al 1687 nell'esplorazione della valle del Mississippi. Il 18 marzo 1687, mentre stava effettuando una esplorazione vicino al fiume Brazos, nel Texas, La Salle venne ucciso da alcuni suoi sottoposti che si erano ammutinati. Tonti, che si trovava nell'Arkansas, fu nominato comandante della regione del Mississippi, carica che mantenne fino alla morte avvenuta nel 1703. Altri membri della famiglia Tonti furono al servizio della corona francese come il fratello più giovane di Enrico, Alfonso, che fu uno dei fondatori e poi per dodici anni comandante di Detroit.

Tra i primi italiani che operarono in America, possiamo ricordare anche i numerosi missionari, soprattutto gesuiti, che, con una indomità volontà, esplorarono, predicarono, e diffusero il vangelo tra le popolazioni indigene, rischiando quasi sempre la vita. Ai religiosi infatti il nuovo continente, con la sua popolazione indigena, offriva una grande possibilità di insegnare e convertire.

Alla fine del seicento nell'Ovest degli Stati Uniti, almeno otto dei sacerdoti che fondarono le missioni spagnole in California e in Arizona, furono italiani. Tra questi possiamo ricordare Padre Chino che nacque a Segno vicino Trento nel 1645. Nel 1687 arrivò nel Messico del Nord per predicare il vangelo agli indiani. Nei successivi ventiquattro anni (morì infatti nel 1711) viaggiò senza sosta, sia a piedi che a cavallo, esplorando i fiumi Colorado, Gila, Sonora, San Pedro, Santa Cruz e Altar. Lo storico Andrew Rolle ha notato che come minimo venti città del Sud Ovest degli Stati Uniti devono la loro origine a questo infaticabile esploratore.[1]

Chino fondò anche una ventina di missioni nella zona del Rio Grande, e dell'attuale Arizona, e fu il primo a provare che la bassa California era una penisola e non come si era fino ad allora erroneamente creduto, un'isola. Chino non fu comunque l'unico

---

[1]   Andrew F. Rolle, *The Immigrant Upraised: Italian Adventurers and Colonists in an Expanding America*, Norman, Okla.,1968, p. 341.

italiano a svolgere questo durissimo lavoro di esplorazione e di predicazione. Moltissimi altri (anche se il numero esatto è ovviamente impossibile da determinare) fornirono un inestimabile servizio alla chiesa cattolica e alla corona spagnola nel diciassettesimo e diciottesimo secolo.

Negli ultimi anni del diciannovesimo secolo Suor Blandina Segale si dedicò alla fondazione di scuole (anche se ad un certo punto interruppe il suo viaggio lungo la pista dell'Oregon dopo l'incontro con il celebre bandito Billy the Kid), e i padri Anthony Ravalli e Gregorio Mengarini vissero tra gli indiani del Montana, offrendo assistenza ed insegnamento. Padre Joseph Cataldo, nella seconda metà del diciottesimo secolo, apprese alla perfezione venti lingue indiane e servì da intermediario nelle contese tra le tribù.

Nel 1610, solamente tre anni dopo la fondazione di Jamestown in Virginia alcuni artigiani italiani furono chiamati aldilà dell'Atlantico per provvedere ai bisogni della nascente comunità. Nella decade del 1620 un altro piccolo gruppo, questa volta di mastri vetrai veneziani, fu portato nella colonia al fine di creare un mercato di oggetti di vetro utile soprattutto per il commercio con gli indiani.

Mentre alcuni italiani si sistemavano a Jamestown, ed altri nel campo commerciale collegavano l'Italia ed il Massachusetts, verso il 1640, frate Bressani, della compagnia dei gesuiti, cominciava a percorrere quelle contrade inesplorate predicando in mezzo agli indiani, che nel 1644 lo torturarono e poi l'uccisero. Nella metà del secolo XVII, un primo nucleo di italiani ebbe il permesso di stabilirsi nel Maryland, mentre, alcuni anni più tardi, un gruppo di Valdesi del Piemonte arrivò a New York per raggiungere il Delaware. Era il gruppo dei "Poveri Lombardi", i quali, stanziandosi a Stony Brook, Staten Island, eressero una chiesa per continuare a divulgare la loro dottrina. Nelle decadi seguenti, gli artigiani e comercianti italiani continuarono regolarmente a viaggiare ed in qualche caso a stabilirsi permanentemente in America, soprattutto in Virginia, Rhode Island, Connecticut, Pennsylvania, South Carolina e Maryland. Il Maryland, fondato inizialmente come rifugio per le minoranze cattoliche, tentò di attrarre cattolici italiani ed europei offrendo piccoli appezzamenti di terra da colonizzare. Anche se qualcuno emigrò, non ci fu mai un sostanziale elemento italiano nella popolazione della colonia.

Un decisivo impulso all'emigrazione verso le nuove terre, lo diede il secolo XVIII e l'avvento dell'illuminismo. Una nuova prepotente consapevolezza delle grandi possibilità umane, finalmente sganciata da un oscurantismo seicentesco carico di vecchie convinzioni medievali, spostò l'attenzione su quelle terre ancora integre ed incorrotte, allo scopo di appagare nel modo migliore le sempre più crescenti esigenze.

In questo secolo, fu considerevole il numero di italiani missionari, braccianti, civilisti, artisti, consulenti, mercanti, soldati che scelsero la via del Nuovo Mondo. Nel 1790 New York e Philadephia erano le due più grandi città della nazione. Howard Marraro stimò che in quell'anno New York con un numero di 33.131 abitanti aveva circa 20 famiglie italiane, mentre Philadephia, con 28.522 residenti, solo 8.[2]

---

[2] H. R. Marraro, *Italo-Americans in Pennsylvania in the Eihteenth Century"*, Pennsylvania History, VII (July 1940), p.166.

In aggiunta a quegli immigrati che decidevano di stabilirsi permanentemente, New York cominciò a ricevere un piccolo flusso di esiliati e rifugiati politici, durante la prima metà del diciannovesimo secolo. Sebbene alcuni di loro rimasero negli Stati Uniti per molti anni, e in qualche caso per sempre, tutti pianificarono un più o meno immediato ritorno quando il clima politico in Italia sarebbe tornato propizio.

 Quando Thomas Jefferson elaborò e redasse la Dichiarazione d'Indipendenza, tenne conto dei suggerimenti del fiorentino Filippo Mazzei, singolare figura di agricoltore e di filosofo italiano emigrato negli Stati Uniti che viveva in una fattoria confinante con quella del celebre presidente.[3] Fu senz'altro l'italiano più conosciuto a quel tempo in America. Figlio di un mercante proprietario di vasti possedimenti agricoli, Mazzei nacque nel 1730 nei pressi di Firenze. Da giovane studiò medicina e nel tempo libero svolse letture sull'arte, la politica e la filosofia. Non completò gli studi, ma gli fu rilasciato un certificato che lo abilitava ad esercitare la professione fuori dall'Italia.

Nell'autunno 1752 lascio l'Italia per la Turchia, stabilendosi a Smirna. Dopo tre anni decise di trasferirsi a Londra con l'intenzione di aprire uno studio medico. Ma il suo amore per la medicina non era poi così profondo e fu presto attratto da opportunità commerciali. Notò infatti che nella capitale inglese, la grande domanda di generi alimentari italiani non era

---

[3]	Cfr. Caroli, Betty, Boyd, "Seguendo il sole", in *La popolazione di origine italiana negli Stati Uniti,* Torino, Fondazione G. Agnelli, 1987, p.12. Filippo Mazzei (1730-1816) era uno strano toscano estroverso che aveva vissuto in Turchia e in Inghilterra. Acquistò una fattoria vicino a quella di Thomas Jefferson a Monticello, in Virginia e si trovò spesso a discorrere animatamente di filosofia e di agraria con il suo celebre vicino di casa. Terminata la stesura della Dichiarazione di Indipendenza, Jefferson ne riservò una copia a Mazzei.

adeguatamente soddisfatta. Cominciò così ad importare vino, olio d'oliva, formaggio, ed altri prodotti.

Durante i diciassette anni trascorsi a Londra, Mazzei conobbe e divenne amico di Benjamin Franklin, e, attraverso il famoso scienziato e intellettuale americano, di molti personaggi eminenti delle colonie. Uno di questi, lo statista della Virginia Thomas Adams scrisse a Thomas Jefferson riferendogli entusiasticamente di un italiano che parlava in modo eloquente di uguaglianza, libertà e altre idee che affascinavano i coloni. Jefferson iniziò quindi una corrispondenza con Mazzei che si tramutò in un invito a trasferirsi in Virginia per condurre degli esperimenti agrari. L'idea di essere uno dei primi uomini a piantare sul suolo Americano la pianta dell'olivo, alcune specie di agrumi, e il gelso per la produzione della seta, affascinò il suo ego. Anche Benjamin Franklin lo incoraggiò ad andare, così nell'autunno del 1773, dopo aver cedute le sue numerose attività londinesi, Mazzei si diresse prima in Toscana dove si procurò tutto l'equipaggiamento necessario (semi, rametti, attrezzi vari e dieci contadini esperti in coltivazione) e poi si imbarcò nel porto inglese di Longhorn il 2 stettmbre 1773. Dopo un viaggio di quasi tre mesi, arrivò in Virginia e si diresse insieme a Thomas Adams verso Augusta County dove l'esperimento doveva avere luogo. Durante il viaggio si fermarono a Monticello per far visita a Thomas Jefferson, il quale suggerì a Mazzei di acquistare una tenuta di 400 acri adiacente alla sua, offrendo altri 2.000 acri da aggiungere di sua proprietà. Mazzei seguì il consiglio di Jefferson ed organizzò la sua azienda agricola che battezzò "Il Colle".

Mazzei divenne anche indirettamente responsabile dell'introduzione dell'insegnamento dell'italiano e di altre lingue europee in Virgina, quando presentò a Jefferson il suo vecchio amico fiorentino Carlo Bellini che emigrò sei mesi dopo portando con sè altri sei agricoltori. Per mezzo dell'aiuto di Jefferson e di altri prominenti virginiani, Bellini divenne il primo insegnante di lingue moderne quali l'italiano, il francese e lo spagnolo in un college americano.

L'esperimento agricolo del "Colle" fallì parzialmente a causa del sempre maggiore impegno dedicato da Mazzei al nascente conflitto tra l'Inghilterra e le colonie. Dopo alcuni mesi infatti fu profondamente coinvolto nelle questioni politiche del luogo.

Nel 1774 fu uno dei dodici uomini eletti dagli abitanti di Albemarle County, chiamati a rappresentare la contea nel governo della colonia.

A Mazzei furono assegnate in seguito diverse altre cariche, e fu molto stimato dai cittadini della zona, ma il suo contributo più importante si realizzò nel 1775, quando, su suggerimento di Jefferson, Mazzei preparò una serie di articoli nei quali presentava le giustificazioni filosofiche per una rivoluzione contro l'Inghilterra. Gli articoli, originariamente scritti in italiano, furono tradotti da Jefferson e pubblicati con il nome di "Furioso", nella *Virginia Gazette*. In uno di questi articoli Mazzei enunciava idee e usava frasi che possono avere direttamente influenzato Jefferson nella stesura della Dichiarazione di Indipendenza. Mazzei sosteneva che:

"All men are by nature equally free and indipendent. This quality is essential to the establishment of a liberal government, a truly republican form of government cannot exist except where all men, from the very rich to the very poor, are perfectly equal in their natural rights." [4]

---

[4] "Tutti gli uomini sono per natura liberi ed indipendenti. Questa qualità è essenziale nell'istituzione di un governo liberale, una autentica forma di governo repubblicano non può

Mazzei inoltre fornì un aiuto nella revisione del codice legale della Virginia e, con molta probabilità, un suo contributo è rilevabile nella prima versione della costituzione della colonia (1776).

Nel 1779 fu inviato in Europa per raccogliere fondi per la guerra, ma la sua nave venne catturata dagli inglesi. Riuscì comunque ad arrivare in Europa, ma essendo privo di documenti che attestavano la sua posizione, non ebbe molto credito. Rimase in Europa per tre anni tentando, con qualsiasi mezzo di avvalorare la causa americana. Fece un'attiva propaganda nella stampa italiana, scrisse una serie di lettere personali ai più importanti capi di stato europei, e compose numerosi saggi come: *The Justice of the American Cause, The Importance of Establishing Commercial Relations in Virginia,* e *The Probability of the Successful Outcome of the American Revolution.* Inviò poi a Thomas Jefferson, che nel frattempo era diventato governatore della Virginia, dei bellissimi resoconti sugli eventi e sul clima politico europeo.

 Con la vittoriosa fine della guerra, Mazzei ritornò in Virginia per l'ultima volta dove fu lodato per gli sforzi compiuti, ma non ottenne gli appuntamenti diplomatici sperati.

Quando scoppiò la guerra d'indipendenza americana, molti italiani vi presero parte fin dall'inizio e tra le figure più importanti possiamo sicuramente ricordare Giuseppe Maria

---

esistere se tutti gli uomini, dal più ricco al più povero, non godono in maniera equa dei loro diritti naturali." in *Virginia Gazzette,* 1774-75, citato in H. S. Nelli, *From Immigrants to Ethnics: The Italian Americans*, New York, Oxford University Press, 1983, p.13. Laddove non altrimenti indicato le traduzioni sono mie. Per un approfondimento sull'opera di Filippo Mazzei vedere: Howard Marraro, *Memories of the Life and Peregrinations of the Florentine Philip Mazzei, 1730-1816*, New York, 1942; Ferdinando Massai, *Un fiorentino alla guerra dell'indipendenza americana*, Firenze,1937, e Margherita Marchione, "Philip Mazzei and the American Revolution", in H.S. Nelli (ed.), *The United States and Italy: The First Two Hundred Years*, New York, 1977.

Francesco Vigo (1747-1836), mercante piemontese che, emigrato nel Midwest, procurò cibo e informazioni alle truppe del generale George Rogers Clark.

Diventò in seguito uno dei principali assistenti del generale, contribuendo alla vittoria e alla conseguente espansione delle colonie ad Ovest del Mississippi. Vigo nacque a Mondovì in Piemonte il 3 dicembre del 1747, ed in giovane età si trasferì in Spagna dove si arrolò nell'esercito con l'intenzione di combattere nelle colonie del Nuovo Mondo. Fu impiegato a Cuba, a New Orleans e a St. Louis. In quest'ultima città abbandonò la vita militare per dedicarsi al commercio di pellicce, diventando in breve tempo il più grosso mercante della regione, operando tra Detroit e New Orleans, e fra St. Louis e Montreal via Pittsburgh. Questo suo grande successo fu dovuto in parte alla sua conoscenza ed abilità linguistica, infatti oltre l'italiano, egli parlava lo spagnolo, il francese e l'inglese, oltre ad una varietà di dialetti indiani fra i quali il Chicasaw, il Chochtaw, e lo Shawnee. Durante la sua attività Vigo fece la conoscenza di numerosissimi coloni, e sviluppò una grande amicizia con George Rogers Clark, che in seguito diventò appunto uno degli artefici della vittoria indipendentista americana.

Quando nel 1778 la rivoluzione si estese ai territori del Nord Ovest, Vigo decise di unirsi alle truppe del suo amico Clark che era stato nominato Generale comandante delle truppe americane in quella zona.

Negli anni seguenti Vigo utilizzò la sua grande abilità per procurare ogni supporto logistico per le truppe dei coloni, e per assicurare l'importantissimo aiuto di molte tribù indiane.

Fino alla fine della guerra Vigo aiutò diligentemente Clark e le sue truppe che poterono così assicurarsi quasi tutto il controllo dell'Ovest. Il 18 dicembre durante una spedizione diretta nella città di Vincenne, Vigo fu catturato nei pressi di Detroit (che nel frattempo era stata riconquistata dalle truppe inglesi del Generale Henry Hamilton), da indiani fedeli alla corona Britannica. Gli abitanti francesi della città, che ammiravano fortemente questo commerciante italiano, fecero pressioni sul Generale Hamilton per ottenere la sua liberazione. Sotto la minaccia degli abitanti del luogo che giurarono di non fornire più assistenza alla fortificazione inglese, Hamilton accettò di rilasciare l'italiano a patto che si fosse firmato un accordo secondo il quale Vigo non avrebbe dovuto compiere, durante la guerra, atti dannosi nei confronti degli interessi inglesi. Vigo rifiutò sdegnosamente. Fu trovato, alla fine, un compromesso: durante il viaggio di ritorno a St. Louis, che era la dimora del commerciante, Vigo non avrebbe compiuto atti lesivi contro gli inglesi. L'accordo fu firmato e così Vigo potette lasciare Vincennes il giorno dopo. Appena arrivato a St. Louis, ripartì per la città di Kaskakia dove si trovava il Generale Clark riferendogli quello che aveva visto durante la prigionia. Sulle basi delle sue preziose informazioni, Clark marciò sulla città cogliendo di sorpresa le forze inglesi e conquistando il forte. Questa importante vittoria americana, datata 25 febbraio 1779, rappresentò un evento decisivo per le sorti della guerra.

Nei rimanenti anni della sua vita Vigo non ricevette i meritati riconoscimenti per il contributo fornito alla causa indipendentista, e nemmeno fu ripagato degli sforzi finanziari compiuti personalmente per assistere le spedizioni di Clark. Soltanto nel

1872, trentasei anni dopo la sua morte, gli furono riconosciuti i dovuti meriti, e nel 1876, dopo un lungo processo, fu accolta dal governo la proposta di risarcimento inoltrata dai suoi eredi.

L'interesse degli italiani per l'America del Nord crebbe rapidamente non appena i nuovi Stati Uniti d'America diedero inizio al loro singolare esperimento di governo. Alcuni volsero il loro interesse al modo in cui funzionavano le istituzioni del nuovo stato, altri furono invece attratti dal desiderio di conoscenza di terre ancora selvagge sia nella vegetazione che negli abitanti, uomini o animali.

Il conte Luigi Castiglioni giunse negli Stati Uniti nel 1785 attratto dalla curiosità di assistere allo sviluppo politico di uno stato formato da diverse nazioni, e quando fece ritorno in patria pubblicò una serie di scritti sulla vegetazione degli Stati Uniti e sulle sue genti.[5]

Costantino Beltrami fece tappa a Philadelphia nel 1823 nel corso del suo viaggio di esplorazione all'interno del paese, e successivamente dichiarò di avere scoperto le sorgenti del fiume Mississippi. Scelse di morire in Italia, ma scrisse: "Il mondo è ora in America." [6]

D'accordo con gli altri viaggiatori europei, anche gli italiani giudicarono positivamente l'attrazione esercitata dagli Stati Uniti sulle popolazioni del vecchio continente.

Nel corso dell'Ottocento, artisti quali Giuseppe Franzoni, Antonio Capellano ed altri fornirono quadri e sculture agli edifici del governo degli Stati Uniti: il pittore Costantino Brumidi, affrescò il Campidoglio di Washington, la soprano Adelina Patti

---

[5]   Caroli B. Boyd, *op.cit.*, p. 132.
[6]   *Ivi.*, p. 133.

e Lorenzo da Ponte al pari dei molti esuli politici contribuirono a diffondere la cultura e l'arte italiana.

Costantino Brumidi, romano, decorò il Campidoglio con affreschi che riproducevano scene della storia americana, e fu chiamato, forse con eccessiva benevolenza, " il Michelangelo degli Stati Uniti."[7]

Adelina Patti conquistò il cuore degli americani fin dal giorno del suo debutto presso l'Accademia Musicale di New York nel 1859 e continuò ad attrarre folle entusiaste in ogni parte del paese. A San Francisco, i suoi ammiratori, bramosi di ascoltarla, demolirono la sala dei concerti.[8]

Lorenzo da Ponte (1749-1838) fu il librettista di Mozart per opere come il *Don Giovanni*, *Le nozze di Figaro*, e *Così fan tutte*. Arrivato negli Stati Uniti nel 1805, contribuì alla costruzione della prima *Opera House* d'America, fu poi professore di italiano presso la Columbia University e si impiegò in molte attività economiche fra le quali la distillazione di whiskey a Sunbury, Pennsylvania.[9]

Il più famoso esiliato italiano fu senza dubbio Giuseppe Garibaldi che arrivò in America nel 1849 e visse per più di un anno a Staten Island ospitato dall'amico Antonio Meucci (a detta di molti il primo ideatore del telefono), lavorando in una fabbrica di candele.

Negli anni immediatamente seguenti cominciò, seppure in maniera ancora molto marginale, il fenomeno vero e proprio dell'emigrazione stabile, formata almeno all'inizio, da italiani

---

[7]   Cfr. R. Daniels, *Coming to America. A History of Immigration and Ethnicity in American Life*, New York, Harper Perennial, 1990, p. 191.

[8]   Caroli, B. Boyd, *op.cit.*, p.132.

[9]   R. Daniels, op.cit. p. 191.

provenienti dalle province del Nord. Questi primissimi immigrati prepararono il terreno ai secondi, e questi lo prepararono agli altri che li seguirono. Fu in questo modo che gli emigranti italiani crearono quella catena, le cui maglie si allungarono negli anni e contraddistinsero la vita dei nostri connazionali all'estero.

Tra il 1820 e il 1860 (statistiche ufficiali sull' immigrazione non si ebbero fino al 1820), circa 14.000 italiani arrivarono negli Stati Uniti.[10]

Prima del 1820 gli italiani costituivano una porzione così piccola, che il loro numero appariva irrisorio, una goccia nell'ampio flusso degli europei del Nord e dell'Ovest, in particolare irlandesi, tedeschi, inglesi e scandinavi.

Altri 12.000 italiani arrivarono nella decade 1860-70. La quasi totalità di questi primi immigrati era composta da italiani di origine settentrionale ed il loro numero era ancora troppo esiguo per attrarre interesse ed attenzione pubblica. Molti di loro erano lavoratori istruiti e qualificati, piccoli artigiani, insegnanti, commercianti ed artisti (musicisti, attori, architetti, pittori ecc.), e la loro volontà era quella di stabilirsi permanentemente in America. Tra loro c'era anche una piccola parte di rifugiati politici e religiosi. Si sparsero rapidamente attraverso il paese integrandosi con una certa facilità, a differenza dell'immigrazione italiana posteriore, alimentata soprattutto da braccianti agricoli e manovali non qualificati provenienti dal meridione, che si concentrò in massa nelle grandi città e metropoli della *East Coast*. Questi primi immigrati italiani vennero facilmente integrati e raggiunsero una prosperità notevole, già prima delle grandi ondate migratorie di fine secolo.

---

[10]   H.S. Nelli, *From Immigrants to...*cit., p. 40.

La grande migrazione italiana, comunque, si verificò principalmente tra il 1880 e il 1920 quando più di tre milioni e mezzo di italiani lasciarono il paese per recarsi negli Stati Uniti. Negli anni prima del 1880 il numero di immigrati italiani, come sottolineò anche Robert E. Forster, non fu molto significativo.[11] Nel 1860, il maggior numero di italiani risiedeva in California (2.805), New York (1.862), e in Louisiana (1.134).[12] Nelle due decadi dal 1860 al 1880 arrivarono quasi 68.000 italiani. Sebbene ancora molti fossero di origine settentrionale, la sorgente migratoria iniziò a spostarsi verso Sud.

Negli anni tra il 1880 e la prima guerra mondiale, approssimativamente l'ottanta per cento degli immigrati italiani arrivarono dalle province del mezzogiorno d'Italia, e la destinazioni principali divennero gli stati altamente industrializzati ed urbanizzati della *East Coast*, e del *Middle West*. La maggioranza si stanziò negli stati del cosiddetto *Middle Atlantic* (New York, New Jersey, e Pennsylvania), nel *New England,* e in alcuni stati come l'Ohio e l'Illinois.

Contadini, braccianti e manovali cominciarono ad arrivare sempre in numero maggiore. Alcuni di loro rimanevano solo alcuni mesi o pochi anni prima di ritornare in Italia.

La grande svolta nella storia dell'emigrazione italiana ebbe luogo negli ultimi venti anni del diciannovesimo secolo, quando si verificarono tutta una serie di condizioni favorevoli al grande esodo. Una di queste fu certamente il miglioramento delle condizioni di traversata dell'Atlantico, via piroscafo, ed il grande sviluppo dei trasporti ferroviari statunitensi. Alla fine della

---

[11] R.F. Foerster, *The Italian Emigration of our Times,* Cambridge, Mass, 1919, p. 325
[12] U.S Nelli, *From Immigrants...* cit., p. 40.

decade 1870-1880, si impiegavano solamente sette giorni per arrivare in America, quando fino a pochi anni addietro la traversata era un qualcosa di estenuante e per molti proibitivo, sia per la durata del viaggio, che per le condizioni. I porti italiani di Genova, Napoli, e più tardi di Trieste e Palermo, furono così scenario di esodi drammatici. Tra il 1900 e il 1910 più di due milioni di nostri connazionali si imbarcarono per un viaggio pieno di speranze, costretti dalla miseria a cercare "l'America", anche a costo di incredibili sacrifici e privazioni. Quasi tutti approdarono a New York, sulle banchine del molo di Ellis Island. Solamente nel corso dell'anno 1907, all'uscita dello sbarco newyorkese, si contarono 287.000 italiani.

Queste statistiche possono farci immaginare pienamente le proporzioni e soprattutto le conseguenze che un tale fenomeno sprigionò. Durante queste decadi (1890-1920), le comunità e colonie italiane di New York, Chicago, New Orleans, San Francisco ed altre città, iniziarono a modellarsi in configurazioni definitive, e alcune istituzioni tipiche degli immigrati come la stampa, le società di mutuo soccorso e il cosiddetto "Padrone System", cominciarono a svilupparsi.

Tavola 1. L' immigrazione italiana negli Stati Uniti 1820 - 1920

ANNI	NUMERO DI IMMIGRATI
1820 - 1830	439

1831 - 1840	2253
1841 - 1850	1870
1851 - 1860	9231
1861 - 1870	11725
1871 - 1880	55759
1881 - 1890	307309
1891 - 1900	651893
1901 - 1910	2.045.877
1911 - 1920	1.109.524
TOTALE	**4.205.880**

Basata su U.S. Bureau of the census, Historical Statistics of the United States: Colonial Times to 1970, Part 1, pp. 105-6

Nel 1870, quindi, esisteva già un'eterogenea e considerevole rappresentanza italiana negli Stati Uniti. Per la maggior parte erano, come abbiamo già sottolineato, italiani del Nord sparsi omogeneamente attraverso la nazione. Alcuni erano fruttivendoli, commercianti e ristoratori, specialmente liguri, che si erano stanziati negli stati di New York e New Jersey. Alcuni erano giardinieri (soprattutto nella zona di New Orleans), o impiegati in altri rami dell'agricoltura.

Questo primo periodo di immigrazione 1820-1879 può essere dunque riassunto nel seguente modo: l'immigrazione italiana passa dal livello davvero trascurabile degli anni 1820-1853 a quelli leggermente più significativi degli anni seguenti, ma si mantiene sempre sotto le diecimila unità per anno, con una punta di 8.757 persone nel 1873; essa rappresenta percentuali tra lo 0.2 e il 2-3% del totale degli arrivi negli Stati Uniti.

La storia degli italiani negli Stati Uniti non è stata comunque quella di queste persone o di altri membri dell'élite socio economica dell'Italia del Nord che vennero nel Nuovo Mondo come esploratori, che sostennero la causa dell'indipendenza americana, o che cercarono rifugio politico. Fu piuttosto l'esperienza di milioni di immigrati contadini, e operai non qualificati ed analfabeti provenienti dalle regioni del mezzogiorno, nelle decadi tra il 1880 e la prima guerra mondiale.

1.2 il grande esodo 1880-1920

Presenti in misura assai scarsa nella popolazione americana del 1880 (solo quarantaquattromila su cinquanta milioni), gli italiani modificarono rapidamente questa situazione nel corso dei decenni successivi. Solo un migliaio di immigranti all'anno intorno al 1850, gli italiani già quintuplicarono il loro afflusso verso il 1870 e nel 1888 gli arrivi furono cinquantamila. Nel 1913 si raggiunse addirittura la punta massima di 376.776 arrivi. Rispetto al totale degli arrivi di immigrati negli Stati Uniti, gli italiani passarono dal 5% del 1883, al 20% del 1896, e al 45,5% del 1906. Si pensi che dall'Italia, la cui popolazione oscillava intorno ai 33 milioni di abitanti, si ebbe, nei soli anni 1901-1914, un flusso diretto in

America di 3.420.146 persone, che costituì come afferma Sowell, " the largest exodus of people ever recorded from a single nation."[13]

Uomini e donne, logorati da malaria e colera, scoraggiati da siccità e terremoti, avevano continuato a sperare che l'unificazione italiana avrebbe portato miglioramenti nelle condizioni di vita. Ma non fu così.

Le cause dell'imponente fenomeno migratorio italiano verso gli Stati Uniti, furono, quindi, quasi nella loro totalità, "puramente economiche."[14]

Tranne rarissime eccezioni, gli immigrati si diressero verso gli Stati Uniti per ragioni sostanzialmente economiche; come Stefano Miele (un napoletano emigrato all'inizio del novecento), che si pronunciava in questo modo sui motivi che lo avevano indotto a lasciare l'Italia:

"If I am to be frank, then I shall say that I left Italy and came to America for the sole purpose of making money. Neither the laws of Italy nor the laws of America, neither the government of the one nor the government of the other, influenced me in any way. I suffered no political oppression in Italy. I was not seeking political ideals: as a matter of fact, I was quite satisfied with those of my native land. If I could have worked my way up in my chosen profession in Italy, I would have stayed in Italy. But repeated efforts showed me that I could not. America was the land of opportunity, and so I came intending to make money and then return to Italy. This is true of most Italian emigrants to America." [15]

---

[13]　" Il più grande esodo di individui mai registrato da un'unica nazione", T. Sowell, *Ethnic America, A History*, New York, Basic Books, 1981, p. 101.
[14]　H.S. Nelli, *From Immigrants...*cit., p.42.
[15]　"Se devo essere sincero, allora dirò che ho lasciato l'Italia e sono venuto in America, per il solo scopo di fare soldi. In nessun modo sono stato influenzato dalle leggi o dai governi dei due paesi. In Italia non ero oppresso politicamente. Non stavo cercando

Il prezzo dell'industrializzazione, nel nostro paese, fu pagato in larga misura dal mezzogiorno, o più esattamente dalle plebi meridionali, costrette dalla miseria ad alimentare una crescente migrazione.

Le cause di questo esodo, e delle proporzioni che esso assunse, sono da ricercare anche nella grande crisi che colpì l'agricoltura italiana tra la fine degli anni settanta e la metà degli anni novanta del diciannovesimo secolo, nel ritardo nel processo di industrializzazione, e nello sviluppo differenziato tra Nord e Sud.

Il clima (siccità in primo luogo), la sovrappopolazione, le continue epidemie di malaria e la conformazione morfologica della terra da coltivare furono alcuni dei fattori che contribuirono notevolmente alla povertà del Sud e che favorirono in modo imponente il fenomeno migratorio.

 All'inizio del novecento, più di 250.000 italiani ogni anno emigrarono negli Stati Uniti. L'emigrazione rallentò poi durante la prima guerra mondiale, ma ritornò a livelli di 200.000 individui l'anno nel 1921, prima che le nuove leggi sull'immigrazione fermarono, anche se mai in maniera totale, il flusso italiano. Infatti tra il 1928 e il 1945 a causa di legislazioni restrittive sia in Italia, sia soprattutto negli Stati Uniti, i flussi migratori diminuirono nettamente, e, ad essi, si accompagnò un notevole numero di ritorni, che rese ancora più trascurabile il fenomeno.

Molti infatti, fin dal 1880, si proposero di non stabilirsi definitivamente negli Stati Uniti, e sia che fossero scapoli, o padri

---

ideali politici e in verità ero abbastanza soddisfatto di quelli presenti nella mia terra nativa. Se avessi avuto la possibilità di realizzarmi professionalmente ed economicamente, sarei sicuramente rimasto in Italia. L'America è il paese delle opportunità, per questo sono venuto con l'intenzione di far soldi e poi ritornare in patria. Ed è così per la maggioranza degli immigrati italiani". S. Miele, "America as a Place to Make Money," *World's Work*, XIL (December 1920), p. 204.

che lasciavano la famiglia, affrontarono il viaggio nella convinzione che qualche anno di lavoro nei cantieri americani avrebbe procurato loro un guadagno decisamente superiore a quello che avrebbero potuto accumulare in Italia con qualsiasi altro mezzo. Al ritorno infatti raccontavano di aver vissuto con metà dello stipendio percepito, mandando in Italia il resto per acquistare piccoli appezzamenti di terreno o per cancellare debiti.

 A partire dal 1946, all'emigrazione diretta verso gli Stati Uniti, si accompagnò un flusso di dimensioni equivalenti diretto verso il Canada. Se si considera il fenomeno dei ritorni, e si esaminano dunque i soli spostamenti definitivi, si può calcolare che dal 1946 all'inizio degli anni settanta si siano stabiliti definitivamente negli Stati Uniti più di 300.000 italiani, mentre oltre 350.000 hanno raggiunto il Canada. Fra il 1970 e il 1979 senza contare i ritorni, il totale dei nuovi immigrati ammonta a 150.000 unità. Gli ultimi dati disponibili lasciano intravedere un quasi totale inaridimento del flusso migratorio con poco più di 3000 arrivi all'anno nei primi anni ottanta. Gli italiani rappresentano oggi meno dell'uno per cento sul totale degli arrivi di immigrati, un dato analogo a quello della metà dell'ottocento.[16] Questi dati permettono di concludere che, rispetto all'entità della comunità italoamericana residente stabilmente in America, in grandissima parte avente piena cittadinanza americana, i flussi migratori contemporanei sono trascurabili. La quota di italoamericani in senso stretto, ovvero di prima generazione è destinata a diventare sempre meno rilevante, e ad incidere quindi in misura sempre minore sugli

---

[16]   S. Tomasi, *Perspectives in Italian Immigration and Ethnicity,* New York, Center for Migration Studies, 1977, p.201.

aspetti sociologicamente e culturalmente interessanti del gruppo etnico italoamericano.

1.4 Il contadino meridionale nel nuovo mondo

La distinzione tra la prima e la seconda migrazione italiana non fu solo di carattere quantitativo e temporale, ma ebbe una netta differenziazione perché, sebbene sempre italiani, quelli del Nord potevano considerarsi quasi come un altro popolo con abitudini, modo di vita e mentalità totalmente differenti rispetto a quelli del Sud.

Gli italiani del mezzogiorno, infatti, hanno avuto non solo una diversa e tragica storia, ma anche un livello di povertà raramente eguagliato nel mondo occidentale, ed un distinto bagaglio di valori e modi comportamentali molti dei quali persistono tra gli italoamericani di oggi e i loro discendenti.

Il contadino del Sud non era semplicemente povero ed impotente verso un sistema di sfruttamento altamente organizzato, ma soprattutto veniva continuamente disprezzato. I contadini stessi davano per scontato il fatto di essere una stirpe diversa dagli altri. In una società altamente stratificata come quella del mezzogiorno, nella seconda metà del diciannovesimo secolo, l'iniziativa privata era considerata un tabù per un contadino o un manovale, sia nel lavoro, nel miglioramento delle condizioni esistenziali, che nella vita sociale in genere. L'iniziativa era raramente ricompensata, e quasi sempre vista come un'offesa grave verso persone posizionate più in alto nella gerarchia sociale; persone che i contadini non dovevano permettersi di osteggiare.

Il bracciante agricolo doveva lavorare duramente e fedelmente, sempre seguendo ordini ricevuti, e mai andare oltre. Questa fu una caratteristica dei lavoratori italiani notata con sgomento dai datori di lavoro americani.[17]

Il grosso della popolazione migratoria, era composto da braccianti agricoli dei quali una parte esigua possedeva piccoli appezzamenti di terra, mentre la maggioranza lavorava a contratto sulla terra altrui. Essendo giovani adulti, la loro personalità si era formata nelle culture tradizionali dei paesi, dove ognuno era conosciuto e definito sulla base della reputazione e dello status della sua famiglia, e neppure il trapianto forzato in America poteva modificare quest'identità profonda. Le migrazioni a catena di parenti e paesani ricreavano la cultura contadina e la rete di relazioni sociali. Nel gruppo di lavoro e nel quartiere, l'immigrato tendeva a stare con la propria gente. La mentalità campanilistica si esprimeva (come illustreremo

---

[17]   R.F. Foerster, *op.cit.*, pp.347, 361-362.

approfonditamente più avanti), soprattutto nella fondazione di società di mutuo soccorso e nella celebrazione delle feste del santo patrono. Separati dal dialetto, dalle usanze e dai pregiudizi, gli immigrati di regioni e perfino paesi diversi tendevano ad evitarsi. Non provavano un senso di nazionalità comune; per loro l'Italia era una matrigna che li aveva allontanati da casa perchè cercassero pane e lavoro. Diffidavano degli americani e degli altri gruppi etnici, sospettavano delle istituzioni e credevano solo nella famiglia o tuttalpiù nel gruppo di paesani. Le esperienze negli Stati Uniti rafforzarono il loro "campanilismo contadino". Capirono ben presto anche di essere in molti casi odiati e disprezzati dai "mericani", cioè da tutti quelli che li avevano in qualche modo preceduti.

Per costoro, l'esperienza lavorativa, in un territorio per l'epoca altamente urbanizzato e industriale, sfociò quasi inevitabilmente nello stanziamento permanente con un conseguente, lentissimo, difficile ma necessario adattamento alla nuova realtà socio-economica. La combinazione di uno standard lavorativo comune di basso livello, la necessità di aggregazione in risposta all'ostilità e all'indifferenza della popolazione americana, e la ricerca di un identità comune furono alcuni dei motivi (ma come vedremo in seguito, non solo) che favorirono e accompagnarono il grande sviluppo delle *Little Italies* degli Stati Uniti d'America.

I volti di questa massa crescente di individui erano nuovi, con accenti del Sud, e con motivazioni diverse dall'antica immigrazione. Il desiderio di avventura e scoperta di una nuova realtà animava ancora gli immigranti, ma l'obiettivo primario erano i dollari. Giungevano in patria i resoconti su quel che si poteva ottenere (carne e pane, e la possibilità di guadagnare dieci volte quello che si otteneva in Italia), ma anche storie un pò meno allettanti che parlavano di pregiudizi e trattamento talvolta ingiusto.

Di quelli che emigrarono negli Stati Uniti alla fine del 1800, il 77% era composto appunto da braccianti, mentre i liberi professionisti erano meno dell' 1%. La famiglia, almeno all'inizio, era la sola istituzione dalla quale dipendere. Fedeltà, moralità, e opinioni personali trovavano dimensione quasi esclusivamente all'interno del nucleo familiare.[18]

L'attaccamento alla famiglia era estremo, trascendente tutti o quasi gli altri valori come, ad esempio, il sentimento patriottico, o la religione. Il nazionalismo italiano ottocentesco fu infatti veramente significativo solo tra i settentrionali che unificarono il paese, e che furono i maggiori seguaci di Mussolini nel novecento.

Anche l'osservanza del credo cattolico fu vissuta in modo distante, in contrasto con la fervida devozione e partecipazione degli irlandesi, le cui istituzioni religiose avevano sofferto per secoli l'oppressione protestante.

 Una delle minacce percepite dalla famiglia, e dallo stile di vita meridionale, anche negli Stati Uniti, fu l'istruzione obbligatoria introdotta e controllata in Italia dopo l'unificazione. La prima legge sull'istruzione obbligatoria fu approvata dal governo italiano nel 1877, ed incontrò fortissime resistenze, disordini, boicottaggi e perfino incendi e saccheggi agli edifici scolastici. Ancora nel 1900, l'analfabetismo nel Sud era dell'ordine del 70%, dieci volte superiore a quello dell'Inghilterra, della Francia,

---

[18]   L. Tomasi, *The Italian American Family*, New York, Center for Migrations Studies,1972, p. 45.

e della Germania.[19] Il meridionale era dunque fortemente ostile all'educazione scolastica. Questa attitudine sarebbe poi persistita tra gli italoamericani, ed estesa ai loro discendenti.

 La difesa dell'onore della famiglia includeva la protezione della castità delle giovani donne. Le ragazze venivano tenute a casa il più possibile e nelle uscite erano sempre accompagnate da parenti maschi, ultra-protettivi e se necessario vendicativi.

Le attitudini e i modi comportamentali, quindi, anche negli Stati Uniti riflettevano le realtà del Sud d'Italia. Studi sociali e psicologici dimostrano che le attitudini e i modi comportamentali di due individui, uno del Nord e l'altro del Sud, erano drasticamente differenti e a loro volta diversi da quelli presenti e caratteristici degli Stati Uniti.

I valori culturali italiani enfatizzavano le pesanti responsabilità degli uomini e delle donne nella costruzione e salvaguardia della famiglia.

Esistevano schemi esistenziali composti da un duro lavoro, da una zelante protezione del benessere e dell'onore della famiglia, dalla superstizione e da pratiche religiose e magiche destinate a respingere il male e ad assicurarsi benefici. La vita familiare risentiva, in modo significativo, delle tensioni create dall'immigrazione, che comportava spesso distacchi e successive riunificazioni in condizioni anomale, con idiomi diversi e situazioni lavorative poco familiari. Nello sforzo di mantenere le loro famiglie forti ed unite, gli immigrati adottarono talvolta delle misure inconsuete, e se fu molto basso il fenomeno dell'abbandono di neonati e figli illegittimi, d'altro canto i

---

[19]   L. Iorizzo, S. Mondello, *The Italian Americans*, New York, Twaine Publishers, 1971, p.34

genitori italiani inviavano al lavoro figli in età ancora molto giovane. I funzionari scolastici americani lamentavano infatti un assenteismo quasi generalizzato.

Le principali, se non uniche, occupazioni che svolsero questi *new world contadini*, furono quelle di sterratore e scavatore in costruzioni ferroviarie, portuali, di canalizzazione, e in altre opere pubbliche. Molti trovarono occupazione nelle acciaierie, e nelle fabbriche in genere come operai non specializzati, accettando lavori che la maggior parte della popolazione rifiutava. Numerosi, anche se in una percentuale esigua rispetto all'immensa manodopera operaia, i sarti, i lustrascarpe, gli spazzini, i cenciaiuoli, e i piccoli commercianti.

Le zone agricole non attirarono gli immigrati italiani. Numerose volte il governo italiano finanziò esperimenti agricoli, incoraggiando, con scarso successo, lo spostamento verso l'interno del continente. Per molti italiani, il clima del Midwest, con i suoi lunghi inverni e le sue estati calde e umide, non aveva alcuna attrattiva, e il distacco dalle abitudini, dai dialetti e dai modi di vita familiari trapiantati nei quartieri delle città della costa orientale, appariva un sacrificio troppo grande. La tipica fattoria americana infatti, spesso molto distante dalla famiglia più vicina, non ricordava affatto l'ambiente rurale che gli immigrati avevano conosciuto in patria. Inoltre per i contadini del Sud, il concetto di *Farmer*, cioè di una persona che possiede un terreno, lo lavora e lo amministra personalmente, non aveva equivalente.

Il sociologo Edward Banfield nel 1958 avanzò l'ipotesi che l'arretratezza degli italiani del meridione poteva essere spiegata dall'incapacità di agire insieme per il bene comune o per qualsiasi obiettivo che trascendesse l'interesse materiale e immediato del nucleo familiare.[20] Nel suo saggio, Banfield critica questa eccessiva importanza riservata alla famiglia, che esclude in tutti i modi la partecipazione attiva ad altre istituzioni sociali. Ma, seppur presente e ben radicato, il "familiarismo amorale" italoamericano, così definito da molti studiosi, fu per certi aspetti un'esagerazione. L'esistenza di comunità religiose, di società di mutuo soccorso, di clubs e di circoli ricreativi, e il bisogno del singolo immigrato di fare affidamento su altri che non fossero la famiglia vera e propria, contraddicono la tesi di Banfield e di altri, mettendo invece in evidenza come la vita associativa degli italoamericani fu vivace ed attiva.

---

[20] E.C.Banfield, *The Moral Basis of a Backward Society,* New York, The Free Press, 1958.

1.5 *L'integrazione difficile, il razzismo e i pregiudizi*

La miniera di energie umane rappresentata dall'emigrazione italiana negli Stati Uniti, per tante diverse ragioni, non fu solo oggetto di sfruttamento da parte di coloro che con essa e per mezzo di essa si arricchirono, ma fu anche bersaglio di odio, disprezzo, razzismo e discriminazione. Per decine e decine di anni, il gruppo etnico italiano fu considerato quasi sempre come un'accozzaglia di gente priva d'educazione, sporca, analfabeta e criminale, pronta ad accettare le più misere occupazioni accontentandosi di una rimunerazione minore rispetto a quella standard. Il lavoratore indigeno, quindi, si vedeva minacciato in casa dalla spietata concorrenza di questi stranieri, minacciato nel suo lavoro, nel suo salario, e nel suo tenore di vita.

Un altro fattore che contribuì enormemente a giudicare indesiderabile l'emigrante italiano fu il vederlo completamente estraneo alla vita americana, incurante dei suoi progressi, interessato solo al denaro da spedire in patria; il vederlo fuggire dall'agricoltura dov'era maggiormente richiesto il suo contributo e il suo ostinarsi a rimanere nei grandi centri industriali e commerciali. Per la grande maggioranza degli americani era ripugnante il sudiciume dei quartieri italiani, se ne tenevano lontani, e vedevano male l'abitudine dell'italiano che dava i suoi utili e i suoi risparmi al paese d'origine, sottraendo un contributo che spettava al mercato nazionale.

Per la rozzezza dei modi, il dislivello enorme di cultura e di tenore di vita che lo separava dall'operaio indigeno, il contadino immigrato veniva considerato geneticamente inferiore.

Per l'americano era insopportabile vedere il nostro connazionale incapace di provvedere ai più elementari bisogni in un paese dove la cultura elementare era sufficiente. Era altresì considerata incivile l'incuranza degli italiani di dare un'educazione ai figli, sottraendoli alla scuola in tenera età per sfruttarli nel lavoro.

 L'italiano fu insomma oggetto di numerose critiche e di pregiudizi. Un oggetto che si immaginava nascosto nella tasca di ogni italiano era lo stiletto a doppio taglio, pronto all'uso, che l'americano temeva a tal punto che i poliziotti di alcune città ottennero un aumento di paga nei giorni in cui facevano servizio nei "terribili" quartieri italiani.[21] L'associazione tra "italiano" e "mafioso", "ladro" e appartenente alla terribile "Black Hand", "assassino" ed "estorsore", fu comunissima.

 A partire dal 1920, gli italiani furono indicati come propensi ad appartenere sia ai gruppi estremisti che alle organizzazioni criminali, e di ciò venivano date varie spiegazioni, fra cui la loro storia, le loro tradizioni familiari e persino il loro patrimonio

---

[21]   G. Preziosi, *Gli italiani negli Stati Uniti del nord,* Milano, 1909, p.120.

genetico, considerati quale fonte originaria della loro tendenza a sfidare la legge.

I tribunali americani, poi, quando si trattava di un italiano, agivano spesso molto superficialmente e condannavano a pene pesanti o in alcuni casi alla sedia elettrica l'immigrato, specie quando quest'ultimo era privo di mezzi finanziari per ottenere un'adeguata difesa. In un paese che considerava gli italiani come soggetti particolarmente inclini al crimine e al delitto, divenne assai difficile infatti ottenere un processo equo, come tutti purtroppo poterono constatare nei giorni del processo a Nicola Sacco e Bartolomeo Vanzetti nel 1921. Erano stati arrestati sulla base di prove discutibili e furono condannati a morte per l'assassinio di un contabile a Braintree, Massachusetts. Essi attesero in prigione, mentre manifestazioni e richieste di appello in loro favore cercavano (senza successo) di ottenere la loro scarcerazione. Vennero giustiziati nel 1927, e Vanzetti, nella sua ultima dichiarazione riassunse, con maggiore efficacia di tutti i suoi difensori, le ragioni per cui doveva morire: *"I am suffering because I am an extremist, and undoubtedly I am an extremist; I have suffered because I was Italian, and undoubtedly I am Italian."*[22]

La storia gli diede poi ragione. Nel 1977, mezzo secolo dopo l'esecuzione capitale dei due uomini, il governatore del Massachusetts, Michael Dukakis, proclamò il 23 agosto giornata commemorativa di Nicola Sacco e Bartolomeo Vanzetti. Durante la celebrazione Dukakis affermò che l'atmosfera in cui si svolse il

---

[22] "Sto soffrendo perchè sono un estremista, ed indubbiamente io sono un estremista. Ho sofferto perchè ero un italiano, e indubbiamente io sono un italiano." cit. in Caroli B.Boyd, "Italian Settlement in American Cities"*,* in H.Nelli (ed.), *The United States and Italy: The First Two Hundred Years*, (American Italian Historical Association, Staten Island, New York,1977) p. 142.

processo era permeata da pregiudizi verso gli immigrati e da ostilità verso posizioni politiche non conformi, e che il procedimento giudiziario non fu diretto equamente.

Per un italiano era in molti casi difficile affittare o comprare case in certi quartieri delle città, poichè la sua presenza voleva dire spesso l'emigrazione in massa di tutti i vicini. L'enorme cumulo di pregiudizi ammassatosi sulle spalle dell'immigrato italiano si rivelò un pò dappertutto: nelle fabbriche, per esempio, dove al nostro connazionale

venivano riservati i lavori più umili, e nelle miniere dove generalmente era folle sperare che agli italiani venissero concesse le occupazioni meglio retribuite e meno faticose.

Il rispetto di sè non poteva nascere facilmente in una situazione di pregiudizi discriminanti. " Definireste voi un italiano un uomo bianco ?" - chiese un ispettore del lavoro - " No " - fu la pronta risposta - " un italiano è un dago." [23] Gli scaricatori di New York sostennero nel 1915: " Un uomo bianco può fare il lavoro di due dago."

Pur senza conoscere i feroci commenti di Woodrow Wilson e di A. Ross, gli immigrati italiani impararono in fretta il significato di *goddamn dago, wop son of a ..*, accompagnati spesso da calci e bastonate.[24]

Negli anni precedenti la prima guerra mondiale, gli italiani erano classificati tra i non bianchi e trattati di conseguenza. Esclusi da alcuni impieghi e dal risiedere in certe zone urbane, gli immigrati conducevano un'esistenza segregata. Erano costretti a rivolgersi

---

[23]   Eric F. Goodman, *Rendevouz with Destiny: A History of Modern American Reform*, New York,1952, p.30. "dago" è un nomignolo dispregiativo indicante una persona dalla pelle scura di origine latina.
[24]   "maledetto italiano, italiano figlio di..."

ad aspiranti leaders e prominenti italiani, padroni e banchieri che il più delle volte li frodavano del sudato salario. Lenti a naturalizzarsi e a partecipare attivamente alla vita politica, riluttanti ad entrare nei sindacati, rimasero per decenni lontani dal corso principale della vita americana. Isolati all'interno delle comunità, mantenevano tenacemente i valori e le usanze dei loro paesi. Dopo decenni di vita negli Stati Uniti, molti non sapevano dire che poche e stentate parole in inglese. Per molti immigrati italiani, gli americani erano un popolo di stupidi, privi del senso dell'onore, ignari del rispetto o di una condotta dignitosa. Liquidavano come "americanate" le idee di libertà dei giovani e la richiesta dei diritti delle donne. I tentativi di insegnanti ed assistenti sociali di integrare i loro figli erano malvisti, in quanto considerati come intrusioni nella sovranità della famiglia.

L'italiano insomma fu, nei suoi primi 50 anni di emigrazione negli Stati Uniti, quasi sempre boicottato, combattuto talvolta apertamente, fatto oggetto di derisione e di sfruttamento e spesso considerato appartenente ad una razza inferiore. La risposta degli immigrati alle discriminazioni e allo sfruttamento fu quella di ritirarsi ancora di più nella propria enclave etnica. Questo sentimento di ingiustizia fu talmente vivo nell'animo dei nostri connazionali emigrati, che fu naturale e necessaria una profonda unione fra loro, che si espletò in numerose forme che andremo poi ad analizzare. Era comunissimo, entro la comunità, il detto "uniti saremo forti, rispettati e potremo far trionfare i nostri diritti. "

Questo stato d'inferiorità morale si ripercosse poi profondamente sui figli degli immigrati, cioè sulla seconda generazione, e su quelli che ebbero successo. Questi ultimi, in molti casi, si vergognavano di apparire italiani e frequentemente cambiavano il loro nome aggiungendoci una desinenza americana, tedesca o irlandese, e spesso erano soliti denigrare lo stato di italianità e il modo di vivere e di comportarsi dell'immigrato.

I figli, ma soprattutto i nipoti, educati nelle scuole americane, rinnegavano spesso il legame di sangue e di sentimento, e in alcuni casi disprezzavano l'operato dei genitori. L'ignoranza ed il pregiudizio furono molto diffusi nelle scuole; possiamo riportare a tal proposito qualche esempio.

Nella prima lezione di geografia di Miss G.M. Battie, pubblicata nel 1916 a Denver, nel Colorado (volume largamente adottato in molte scuole americane negli anni '20) si legge: "Gli italiani hanno pelle scura ed occhi neri. Le classi elevate sono piuttosto intelligenti ma il popolo è ignorante e non vive d'altro che di elemosina."[25]

Nella storia e geografia (anche per uso scolastico), redatta da un certo H. Villen Von Loon, pubblicata a Philadelphia nel 1922, si legge: "I greci ebbero i loro rivali. Noi li chiamiamo romani questi rivali. Ora voi li vedete ogni giorno. Essi non conquistano più il mondo come i loro antenati ma sono sporchi e lavorano sulle ferrovie o vendono le banane e le nocciuole." [26]

Una professoressa dette ai suoi scolari nel 1928 il seguente tema: "Enumerate le ragioni dell'inferiorità degli italiani agli americani." [27]

Un ufficiale della città di Cleveland, invitato a parlare in una chiesa disse: " I violatori della legge della proibizione (delle

---

[25]   Cfr. B. Aquilano, *L'Ordine Figli d'Italia in America*, New York, Società Tipografica Italiana, 1925, p.20
[26]   *Ivi*, p.20
[27]   *Ibidem*

bevande alcoliche) sono per la maggior parte italiani. Io caricherei questa gente sui piroscafi e li affonderei in alto mare." [28] Esempi del genere se ne potrebbero citare a centinaia.

Non mancarono, soprattutto negli stati del Sud, episodi di violenza xenofoba, linciaggi, omicidi ed intimidazioni di ogni genere. Possiamo ricordare i delittuosi avvenimenti di New Orleans quando parecchie decine di italiani furono trucidati perchè accusati di omicidio, o pensare al povero operaio insultato, picchiato e ucciso nelle miniere, nelle fabbriche e nelle campagne, i vigliacchi assalti contro il "dago" per le vie popolose delle grandi città ecc.

Nel 1915, ad esempio, un'intera colonia italiana venne minacciata di orribile punizione se non avesse lasciato la cittadina di Bedford nell'Indiana; e nello stato del Missisippi nel 1913, alcuni operai vennero fatti oggetto di orribili sevizie ed ai bambini italiani venne proibito, in California e in altri stati dell'Ovest, di frequentare le scuole pubbliche. Negli Stati del Sud, la vita di uno straniero immigrato valeva molto poco come del resto quella di un nero, ed uccidere un italiano era cosa meritevole di pochissima considerazione, anche quando l'ambasciatore italiano ed il Governo di Washington si univano per domandare pronta giustizia.

Il varo della legge sul proibizionismo del 1920 diede nuove possibilità di guadagno agli italiani esclusi dai lavori meglio retribuiti, e nei locali clandestini di bevande alcoliche o nei traffici, dove nè una buona posizione sociale, nè una adeguata istruzione avevano molto peso, essi seppero cavarsela egregiamente. I nessi e le associazioni mentali fra gangsterismo,

---

[28]   *Ibidem*

crimine e italoamericani, specie nelle grandi metropoli (Chicago in primo luogo), divennero naturali. "Il proibizionismo è un vero affare" - affermò il famoso gangster Al Capone - "tutto quello che faccio è soddisfare la domanda pubblica".[29]

Al Capone era nato a Brooklyn da genitori appena sbarcati negli Stati Uniti, ed altri come lui erano arrivati ancora bambini. L'Italia venne così accusata di liberarsi attraverso l'emigrazione dei delinquenti, e dei fuorilegge. Quando i funzionari americani cercarono di far rientrare un pregiudicato in Sicilia, la risposta delle autorità italiane fu: "vi abbiamo consegnato un bambino di due anni e voi ci restituite un criminale incallito."

 L'italiano soffrì insomma di un grande separatismo razziale, e la sua esperienza in America, soprattutto dal 1880 al 1930, fu per molti aspetti una tristissima odissea.

---

[29]	J. Kobler, *The Life and World of Al Capone*, New York, 1977. p.115. Per un aprrofondimento sulla connessione tra italoamericani e il crimine negli anni trenta e sulla vita del famoso gangster si veda: Fred. D. Pasley, *Al Capone: The Biography Of a Self Made Man*, New York, 1930; Johseph L. Albini, *The American Mafia: Genesis of a Legend*, New York,1971.

1.6 L' emigrante allo sbarco

Napoli, Palermo, Messina e Genova erano i porti italiani d'imbarco per gli emigranti con destinazione oltreoceano. All'inizio del secolo, Napoli assunse, secondo la Commissione d'Immigrazione degli Stati Uniti, il ruolo di più importante porto Europeo, nel numero di emigranti con destinazione americana.[30] Compiuta la traversata, che normalmente durava dai 12 ai 15 giorni, gli emigranti italiani approdavano generalmente nel porto di New York o in quello di Boston. Una non trascurabile parte di loro (circa 1/5 nel 1905), era già stata negli Stati Uniti mentre gli altri erano assolutamente nuovi del paese e dei suoi costumi. Degli immigranti circa 4/5 erano uomini aventi un'età che variava dai 14 ai 45 anni. Le difficoltà per gli immigrati iniziavano subito fin dal momento dello sbarco. Con il sacco o la valigia di tela

---

[30]   United States Congress, Senate, *Reports of the immigration Commission,* IV (Washington), 1911), pp.181,182.

sulle spalle, dovevano radunarsi nelle ampie sale d'aspetto per essere sottoposti all'interrogatorio dei commissari americani. Appena si dava inizio all'esame, ognuno, con il libretto di riconoscimento in una mano e nell'altra la valigia o un sacco pesante, si metteva in riga per presentarsi al commissario interrogante. Erano momenti di grande timore e di ansia soprattutto per la preoccupazione che uno sbaglio avrebbe potuto compromettere tanti sogni ed aspettative.

Ignaro della legge, non conoscendo il modo di comportarsi, perplesso, l'immigrato spesso affermava ciò che doveva negare destando sospetti negli agenti di governo, in modo che spesso i commissari erano costretti a ritenerlo ed anche a rimpatriarlo.

Appena uscito dalle sale di detenzione, l'immigrato correva sopra coperta per vedere se era possibile scorgere tra la folla il padre o il fratello, l'amico o il parente. Nella stragrande maggioranza dei casi, l'immigrato però veniva a trovarsi completamente solo. Egli non comprendeva la lingua né il sistema monetario dello stato; non sapeva dove dirigersi o come e dove acquistare il biglietto di proseguimento. Trovandosi in strada, era continuamente esposto a truffe, raggiri, furti da parte di connazionali con pochi scrupoli e molta più esperienza. Veniva spesso condotto da qualche guida in alberghi dove per lo più era trattenuto fino a che finiva il poco denaro portato con sé. Poteva spesso cadere in mano di qualche appaltatore di lavori poco coscienzioso che lo spediva in qualche remota parte degli Stati Uniti dove avrebbe corso il rischio di venire trattato come schiavo, lavorando solo per i mezzi di sussistenza e trattenuto con violenza se avesse tentato di fuggire. Un discreto numero di donne e di ragazzi vennero da soli a raggiungere il marito o il padre già emigrato. Si può facilmente immaginare quanto questa classe sia stata oggetto di facili abusi ed estorsioni. Le conseguenze di tali abusi furono dannose non solo agli immigrati stessi, ma tornarono anche a detrimento del paese ospitante.

Per eliminare in gran parte simili inconvenienti fu necessaria una guida accogliente e sicura.

L'emigrante, il più delle volte, fu soggetto nello sbarco a moltissimi inconvenienti e venne esposto a molteplici rischi; perciò ebbe bisogno, all'inizio, di un aiuto soprattutto morale.

Il trattamento che egli ordinariamente riceveva ingenerava in lui un senso di sfiducia che, invece di facilitare il suo adattamento alle condizioni della nuova vita e di procurargli stima, lo rendeva refrattario alla socializzazione e a diventare un buon cittadino.

Allo scopo di adattare i nuovi arrivati al sistema di vita americano, proteggerli da truffe ed estorsioni, aiutarli a passare indenni i severi esami ed interrogatori, furono fondate alcune società di assistenza allo sbarco. La più importante fu organizzata nel 1901 a New York, e battezzata *Società per gli immigrati italiani*. L'opera di tutela di questa società iniziava al momento e nel luogo dello sbarco (Ellis Island). Il Commissario d'Immigrazione negli Stati Uniti permise a questa società di mantenere ad Ellis Island i suoi rappresentanti, i quali vennero in contatto con gli immigrati al momento dello sbarco, dando loro gratuitamente tutti i consigli e gli aiuti necessari.

La società aiutò principalmente i nuovi arrivati a comunicare con i parenti, nella ricerca dei bagagli smarriti ed a reperire biglietti ferroviari per proseguire verso l'interno, cercando sempre di far risparmiare tempo e denaro. La parte più importante del lavoro ad Ellis Island fu la cura degli interessi degli immigrati detenuti per indirizzi errati, perché i parenti non si erano recati a riceverli o per altre ragioni che li escludevano dallo sbarco. Comunque c'è da dire che non facilitò quasi mai l'ammissione a persone che non si trovarono nelle condizioni volute dalla legge.

In molti casi le autorità federali esigevano soltanto la garanzia che l'immigrato non avrebbe beneficiato della pubblica assistenza. La società si rese garante in questo senso presso le autorità evitando il rimpatrio immediato di molti italiani. Possiamo riportare il caso di 33 giovani lavoratori che, sbarcati a New York nel 1910, possedevano in media 25 lire ciascuno, ma non avevano parenti o amici residenti. Per tale ragione, sarebbero stati rimpatriati se la società non ne avesse preso cura.[31] Gli appelli contro le decisioni di rimpatri furono fatti gratuitamente dalla società che così, come negli altri modi già evidenziati, contribuì enormemente ad un primo ma essenziale inserimento dell'immigrato nella nuova realtà.

 Una descrizione molto accurata della realtà di Ellis Island la presentò lo scrittore Edward Corsi nell'opera *In the Shadow of Liberty* (1935).

 La storia di questo famoso punto di sbarco, con i suoi personaggi, e le sue, in molti casi, tristi vicende è narrata con grande abilità e realismo.

Il libro costituisce un importante documento sulle prime fasi dell'esperienza degli immigrati, sugli abusi dei funzionari americani nei confronti delle enormi masse di persone accalcate in attesa di ottenere i documenti di ammissione, e sulle truffe compiue da loschi individui sulle banchine del molo. La narrazione è interessante e immediata, presenta situazioni sia

---

[31]   G. Maffei , *L'Italia nell 'America del nord*, Valle di Pompei, 1924, p. 98.

disperate che comiche e contiene numerose informazioni sulle esperienze personali dell'autore. Corsi sbarcò a Ellis Island nel 1900 all'età di quattro anni, e, dopo aver lavorato come assistente sociale nei quartieri degradati di New York, fu nominato commissario del famoso sbarco, carica che mantenne per tre anni nei quali cercò con tutte le sue forze di migliorare l'organizzazione, ancora molto approssimativa, di prima accoglienza, e le condizioni degli immigrati appena sbarcati. L'autore, affermando che : *"every person, black or white, in this country, is an immigrant descendant of immigrants"* [32] sottolinea l'importanza di una lettura globale della sua opera da parte di tutti. Il libro può essere considerato la prima trattazione specifica di un luogo che, per importanza storica nella costruzione degli Stati Uniti, è forse secondo solo a Plymouth Rock.

---

[32]   "Ogni individuo, nero o bianco, in questo paese, è un immigrato discendente di immigrati." E. Corsi, *In the Shadow of Liberty*, New York, The Macmillian Co., 1935, p.36.

CAPITOLO II

La protezione e la tutela dell'immigrato

<u>*2.1 Le istituzioni di assistenza governative e private*</u>

L'opera prima di tutela dell'emigrazione italiana si compì per mezzo di istituzioni governative e private, sia americane che italiane, ed assunse numerose forme. Le autorità italiane si occuparono delle condizioni degli emigrati durante il viaggio, prescrivendo le norme secondo cui dovevano essere trattati a bordo e al momento dello sbarco negli Stati Uniti. Molte istituzioni, come abbiamo già visto in precedenza, si formarono e si svilupparono allo scopo di proteggere i nuovi arrivati dalle truffe e dai furti nel momento dello sbarco, o dagli abusi da parte di legali ed intermediari che offrivano assistenza nelle pratiche concernenti le leggi d'immigrazione.

L'unico ufficio governativo americano che si occupò degli immigrati appena arrivati fu l'Ufficio Federale di collocamento al lavoro di New York (Division of Information), ma diede risultati scarsissimi, poiché vi ricorsero pochissimi italiani; né esito migliore ebbero tentativi similari organizzati da privati. Vi furono d'altra parte, molte associazioni private americane che si occuparono dell'assistenza degli immigrati italiani o di altre nazionalità. Le varie società di beneficenza fecero capo, in molte città, ad un organo centrale chiamato *Society for Organizing Charity*, che ebbe lo scopo di organizzare la carità pubblica coordinandone le forze e le attività in modo da evitare la dispersione delle varie opere.

Ad esse si ricollegarono altre varie associazioni con scopi più precisi, come quelle per la protezione delle donne o dei bambini sia nelle fabbriche che a casa, o ad esempio la *Consumer's League* che esercitò la vigilanza sui metodi di produzione delle merci. In molte grandi città, sorsero i cosiddetti *settlements*, istituti di progresso sociale situati nei ghetti e nei quartieri più poveri. In questi *settlements* vi andarono ad abitare, gratuitamente o stipendiate, persone colte appartenenti ad una classe sociale spesso elevata, che si interessarono ai problemi sociali, cercando di formare centri di cultura e di migliorare le condizioni di vita dei residenti. Le intenzioni di tutti questi *charity* o *social workers* furono quasi sempre ottime, e i risultati, specialmente la tutela dei minori e delle donne, spesso soddisfacenti. Ma la maggior parte di queste persone erano generalmente "vecchie ragazze", educate in ambienti puramente americani, che non ebbero sempre una comprensione vera del carattere, dei bisogni, e della mentalità degli immigrati italiani. Quindi il contatto fu tra esse e i beneficiandi poco intimo; si creò spesso un'atmosfera di sospetto e di malinteso, specialmente quando queste signore, spesso zitelle o sposate senza prole, intendevano dare dei consigli sulla crescita e l'educazione dei figli a madri italiane che ne avevano otto o dieci. Questa beneficenza "scientifica", come fu chiamata dagli americani, non sembrò la più adatta ai nostri connazionali. Alcune di queste filantrope erano solite lamentarsi del fatto che molti genitori italiani cercavano di affidare qualcuno dei loro numerosi figli ad istituti di correzione, allo scopo di non avere ulteriori spese di mantenimento. Infatti l'immigrato italiano considerava questi istituti alla stregua dei collegi di beneficenza, dove i bambini venivano alloggiati, nutriti, vestiti ed educati a spese dello stato.

Molto utili furono invece le associazioni per l'assistenza legale dei poveri, ma sfortunatamente la grande maggioranza degli italiani ne ignorò l'esistenza. Può essere ricordato in tale contesto l'ufficio a New York della signora Quackebos, che compì un opera veramente preziosa, in quanto mosse una guerra spietata alle agenzie di collocamento più disoneste riuscendo in alcuni casi a far togliere loro la licenza.[33] Essa inoltre assitì gli immigrati in tribunale, compì inchieste per reprimere e scoprire tante forme di sfruttamento ed imbroglio ai danni dei poveri immigrati costringendo le autorità americane ad agire.

 Per quanto riguarda l'assistenza governativa italiana, gli organi che si occupavano delle relazioni con le comunità italiane negli Stati Uniti erano il Ministero degli Affari Esteri, l'ambasciatore a Washington, e i consoli che spesso venivano coadiuvati da speciali funzionari inviati dal commissariato all'Emigrazione, ufficio dipendente dallo stesso ministero. L'ambasciatore, allora come oggi, si occupava delle relazioni politiche fra l'Italia e gli Stati Uniti, dei trattati commerciali, ed in generale di tutti quei fatti che interessavano l'intera collettività italiana nel paese.

---

[33] Cfr.L. Villari, *op.cit.*, p.296.

I compiti dei consoli erano, invece, quelli di tutelare gli italiani nei rispettivi distretti consolari, redigere gli atti di stato civile, presiedere al servizio di leva, regolare le successioni di italiani morti in America i cui eredi risiedevano in patria, proteggere la navigazione italiana, e incoraggiare il commercio italiano. I consoli, a loro volta, avevano alle loro dipendenze dei funzionari detti agenti consolari che prestavano la loro opera nei maggiori centri dei distretti, ed erano in generale professionisti o commercianti del luogo, di nazionalità italiana o anche straniera.

Sui piroscafi in partenza dai porti italiani o dal porto di Le Havre in Francia, ad esempio, viaggiarono insieme agli emigranti italiani, speciali commissari regi, allo scopo di tutelare gli emigrati stessi durante la traversata, e vigilare sull'esecuzione delle leggi d'emigrazione. Tale tutela in molti casi riuscì efficace ed utile. Il lavoro compiuto dai consoli fu molto vasto, ma la loro opera di protezione fu spesso ostacolata e resa vana sia dal carattere delle istituzioni locali, che dai sospetti e dalla mancanza di buona volontà dei funzionari americani, oltre che dalla diffidenza degli stessi immigrati. Questa diffidenza aumentò notevolmente poi a causa della campagna di denigrazione contro i consoli condotta dalla stampa, e dai leaders delle comunità e delle associazioni italoamericane.

Gli immigrati reagirono duramente anche ai ripetuti tentativi dei consoli italiani di organizzarli in gruppi sopra-regionali. Uno dei maggiori compiti del console, in qualità di rappresentante di uno stato monarchico, consisteva nel vanificare la propaganda repubblicana degli esuli politici. Nel 1863 il console di San Francisco lamentava l'impossibilità del compito affidatogli proprio per la grande frammentazione regionalistica dell'immigrazione italiana. Nel 1866 spronò gli immigrati a diventare membri del Consorzio Nazionale, società che raccoglieva fondi a favore dell'unificazione d'Italia sotto Casa Savoia. A tal fine, il console fondò anche un giornale, *"L'Eco della Patria"*, sovvenzionato dal governo italiano. Alcuni italiani in città e nei distretti circostanti risposero all'appello, e nel 1867 il console inviò al principe Eugenio di Savoia Carignano, a Roma, una spiga d'oro, come contributo alla causa dell'unità nazionale. Ma il successo fu di breve durata.

Nel 1868, un gruppo di genovesi organizzò l'Associazione Nazionale Italiana, apertamente favorevole al repubblicanesimo.

Tramite il giornale dell'associazione, *"La Voce del Popolo"*, il gruppo istituì una scuola per i bambini liguri, organizzò conferenze su temi sociali e politici, ed inaugurò un centro ricreativo. Nel 1871 il console lamentava che il suo Consorzio Nazionale non aveva fondi sufficienti per competere con queste organizzazioni.

I tentativi del Console di convincere la fiorente comunità commerciale coloniale ad unirsi alla Camera di Commercio Italiana furono altrettanto inutili. Egli cercò anche di raccogliere in un fondo comune le risorse delle varie società di mutuo soccorso per assistere gli italiani a prescindere dalla loro provenienza, ma anche in questo caso subì una sconfitta. Nel 1865, annunciò la fondazione dell'*Associazione Italiana di Beneficenza*, allo scopo di aiutare i poveri della comunità, vincere il pauperismo, e mettere fine alla mendicità. Fino al 1870, anno in cui la società cessò l'attività, essa non contò mai più di 50 membri; molti immigrati continuarono a cercare la soluzione dei loro problemi nelle società regionali.[34] Nel 1887 si tentò di riesumarla dandogli il nuovo nome di *Comitato di Soccorso e Beneficenza*. Ancora una volta si fece appello a tutti gli italiani, che in quegli anni cominciavano a diventare numerosissimi, e fu istituito un comitato per sollecitare le donazioni delle varie *Mutual Aid Societies*.

Un rapporto del 1889 rilevava però che il Comitato non godeva, se non in misura irrilevante, della fiducia e del sostegno degli immigrati. Nel corso degli anni 90 dell'800, il Comitato rimase virtualmente inattivo, non essendo in grado di affrontare i problemi sollevati dalla sempre più crescente immigrazione di massa, e dalla risultante miseria.

All'inizio del novecento, il Commissariato Italiano dell'Emigrazione (un organismo del Ministero degli Affari Esteri di Roma, creato nel 1901) decise di finanziare il Comitato, senza tuttavia incrementarne l'efficienza. Il comitato fu in seguito sciolto nel 1916, quando gli immigrati italiani crearono la loro prima grande società sopra-regionale, che ricevette il sostegno pressochè di tutti gli italiani di San Francisco. Le ragioni del rifiuto e della diffidenza degli immigrati per il lavoro svolto dai consoli si prestano a diverse interpretazioni. Secondo Luigi Villari, "le classi inferiori considerano il governo con un sentimento di diffidenza e sospetto, provocati dal malgoverno precedente; per loro non è che uno strumento per esigere le tasse." [35]

I consoli italiani riferirono più e più volte che questo sentimento di diffidenza era comunissimo tra gli immigrati. Inoltre gli

---

[34] Le informazioni ricavate sull'attività del consolato italiano di San Francisco sono ricavate principalmente da: Dino Cinel, *From Italy to San Francisco*, Stanford, California, 1982, pp.132-149.
[35] Cfr. L Villari,,op.cit., p.145.

immigrati stessi accusavano il governo italiano della miseria che li aveva costretti ad abbandonare l'Italia. Ricordiamo anche che, sul finire dell'ottocento, l'imposta sul reddito in Italia era più pesante che in ogni altro grande paese europeo, ad eccezione della Spagna, e la figura del console rappresentava, per molti immigrati, il simbolo della passata oppressione. Una grande diffidenza verso i rappresentanti ufficiali del governo insieme ad uno spiccato sentimento regionalistico e campanilistico, vanificò tutta una serie di appelli tendenti ad una unione sopra-regionale.

Vi furono poi parecchie istituzioni formatesi per iniziativa privata, le quali in diversi modi vennero in aiuto dell'immigrato italiano. Dalla relazione sui servizi dell'emigrazione per il periodo aprile 1907 - aprile 1908 si rilevava che, nei porti di sbarco di New York e di Boston, cinque erano le società che si dividevano il lavoro di patronato, tre delle quali erano nella prima città e due nella seconda :

1. La Società per gli immigrati italiani (*Society for Italian Immigrants*) di New York;
2. L' Istituto italiano di beneficenza (*Italian Benevolent Institute*) di New York:
3. La Società di San Raffaele per gli immigrati italiani (*Saint Raphael Society for Italian Immigrants*) di New York;
4. La Società per gli immigrati italiani di Boston *(Boston Italian Immigrants Society)*;
1. La Società di beneficenza e di Soccorso (*Benevolent Aid Society*) di Boston. [36]

---

[36] Cfr. *Bollettino dell'emigrazione,* anno 1908, n.9, p.54.

L'opera della prima società, nonostante i notevoli sussidi del fondo dell'emigrazione (che al tempo era di circa 50.000 lire annue), fu a detta di alcuni non pienamente rispondente agli scopi e alle aspettative. Comunque il suo contributo, come abbiamo illustrato nel cap.1, fu importantissimo per la protezione dell'immigrato che, appena sbarcato, veniva minacciato da ogni sorta di sfruttatori.

L'Istituto Italiano di beneficenza con 35.000 lire annue di sussidio esercitò un'azione valida, per quanto non sempre ordinata, circa il ricovero e la beneficenza a favore dei bisognosi e l'assistenza ai malati. La sede di questa Società fu un luogo dove si esercitò la carità, sotto le più svariate forme, e nelle maniere più pratiche. Il programma sociale e caritatevole si espletò attraverso:

- Raccomandazioni per il collocamento di disoccupati al lavoro, e di orfani in istituti educativi;
- Protezione per gli imputati e condannati poveri e meritevoli di difesa o di grazia;
- Assistenza pecuniaria d' infermi degenti a domicilio e di rimpatrianti privi di mezzi;
- Ricovero degli anziani;
- Guida e raccomandazione per gli aspiranti ad impieghi vari;
- Servizio gratuito di traduzione, d'interprete e di corrispondenza.

A questo programma si aggiunse anche una sezione di Mutuo Soccorso, che nel 1906 contava 200 membri che contribuivano con una quota mensile di 60 soldi (di cui 10 andavano direttamente per la beneficenza), godevano degli stessi diritti concessi dalle altre società dello stesso tipo, più la visita medica gratuita estesa alle proprie mogli.

Alcune cifre, prelevate dal resoconto annuo del 1905 possono far meglio comprendere la grande attività di questo tipo di istituzioni: nell' arco di 10 mesi, si ebbero 1.497 persone collocate al lavoro, 173 poveri sussidiati in denaro, 413 sussidiati con generi alimentari, 83 sussidiati e rimpatriati, 48 difesi in tribunale, e 28 orfani ricoverati in vari istituti. Dal 1899 al 1905, le operazioni di carità compiute ammontarono a 12.000 circa, ed i bilanci si chiusero sempre con un, anche se spesso risicato, attivo. [37]

La San Raffaele fu quella che proporzionalmente rese maggiori servizi all'emigrazione, occupandosi soprattutto dell'assistenza delle donne e dei bambini. Sotto l'abile direzione di uno zelante sacerdote, Roberto Biasotti, ebbe un rapido sviluppo a Boston, e a New York allargò la sua sfera d'azione sotto la direzione di Padre Moretti.[38] Le opere compiute da questa società, possono desumersi da una monografia presentata all'esposizione di Milano nel 1906 ove la società fu premiata con una medaglia d'argento, ed ebbe dal governo italiano un sussidio annuo di 1.600 lire.[39]

Delle due società di Boston, l'azione della seconda (quella di beneficenza) esplicò principalmente la sua attività, curando l'iscrizione degli operai italiani nelle Trade Unions americane: un'azione utile ed efficace, dovuta all'iniziativa del Dott. Gustavo Tosti nel periodo che fu console di Boston. Un passo per rendere

---

[37] G. Maffei, _op.cit._, p. 45.
[38] _Ivi._, p. 47.
[39] _Ivi._, p.48.

meno insufficiente l'opera delle società di New York fu fatto nel 1904, con la costituzione dell'*Immigrant Home*. Fu preso in affitto un apposito edificio: la parte principale di esso fu destinata a ricovero con una disponibilità di oltre cento letti, mentre il resto fu adibito a sede della società.

I sempre crescenti e molteplici bisogni dell'emigrazione italiana fecero sorgere, per diretta iniziativa del Commissariato, altri istituti in cui l'azione governativa fosse diretta ed immediata. I principali furono:

1. L'Ufficio di assistenza legale (*Investigation Bureau for Italians*) di New York;

2. L' Ufficio di avviamento al lavoro per gli immigrati italiani (*Labor Information Office for Italians*) di New York;

3. L'Ufficio Legale (*Legal Bureau*) di Philadelphia;

4. L'Ufficio Legale di Chicago.

Questi ultimi due uffici furono costituiti nell'ottobre del 1907, allo scopo principale di intentare cause nei numerosi casi di infortunio degli immigrati italiani, che erano quasi sempre adibiti ai lavori più pericolosi (minatori, costruttori di ferrovie e metropolitane ecc.).

Secondo la mia personale opinione ed alla luce dello studio da me compiuto, l'importanza che ebbero queste preziose istituzioni di assistenza è stata quasi sempre sottovalutata, e gli studi e le ricerche compiute su questi fondamentali mezzi di integrazione sono state pressochè nulle, ignorando il notevole contributo che diedero per lo sviluppo dell'immigrazione e della successiva formazione di uno stato multietnico.

2.2 Le organizzazioni sindacali ed operaie

 Sia nelle grandi metropoli della East Coast sia nelle piccole città all'interno del continente, il lavoro svolto dagli immigrati comportava quasi sempre rischi di infortuni o addirittura di morte. L'esplosione in una miniera a Cherry, nell'Illinois, nel 1909, uccise duecentocinquantanove lavoratori, di cui la maggioranza italiani. Il numero esatto delle vittime non fu mai determinato perchè, nonostante mesi di ricerche, non si arrivò mai al ritrovamento di tutti i dispersi; la comunità italiana manifestò la sua protesta tramite una marcia dimostrativa per le strade della cittadina, tre mesi più tardi, quando le famiglie seppellirono i loro morti.

Nel 1911, la fabbrica Triangle Shirtwaist di New York andò in fiamme. Morirono centoquarantatrè donne italiane. I loro corpi rimasero distesi lungo le strade adiacenti l'edificio, fino a che le rispettive famiglie li poterono reclamare, identificandoli attraverso frammenti di poveri gioielli e indumenti bruciacchiati. I lavoratori capirono che bisognava reagire ad una situazione lavorativa rischiosa, di sfruttamento e mal retribuita. A Lawrance, Massachusetts, nel 1912, nelle fabbriche tessili della zona, gli operai italiani guadagnavano in media meno di nove dollari la settimana, mentre i datori di lavoro minacciavano un'ulteriore diminuzione del salario. Vista la situazione, i lavoratori (tra cui molte donne e bambini) lasciarono il lavoro e vi tornarono solo dopo tre mesi, e in questo periodo, come in molti altri, il dolore misto a speranza, così caratteristico della nostra emigrazione in America, si mise bene in luce.

Il cartello di una donna espresse benissimo il sentimento delle donne italiane immigrate: "We want bread, but we want roses too." [40]

Solo quando i datori fecero alcune concessioni, i telai ripresero a funzionare.

Camilla Teobaldi, giovane figlia di immigrati italiani, fu tra gli scioperanti, e in seguito la sua storia occupò le pagine dei giornali locali, quando essa testimoniò di fronte ad una Commissione del Congresso degli Stati Uniti. Aveva cominciato a lavorare nello stabilimento tessile all'età di tredici anni, con i documenti di identità falsificati dal padre. Pochi mesi più tardi, mentre lavorava al telaio, la macchina le strappò gran parte dei capelli. Per le ferite al cuoio capelluto restò ricoverata in ospedale per diversi mesi; il suo datore di lavoro pagava le spese mediche, ma non compensava la famiglia dei sei dollari e cinquantacinque centesimi che la ragazza portava a casa ogni settimana. Fu dimessa dall'ospedale durante i primi giorni di uno sciopero, al quale aderì subito. Nella sua testimonianza davanti alla commissione che le chiedeva i motivi di questo suo particolare attivismo sindacale, rispose: "Because, at home I had nothing to eat".[41] Suo padre, impiegato nello stesso stabilimento, guadagnava sette dollari alla settimana, quando tutto andava bene, ma generalmente non lavorava d'estate.

---

[40] "Vogliamo pane, ma vogliamo anche rose".
[41] " Perchè a casa non avevo di che mangiare". Cfr. Caroli Betty Boyd, *op.cit.*, p.140.

La vicenda di Camilla Teobaldi fu trascurata dalla storia ufficiale ed uscì presto dalla memoria dei "paesani"; persino i suoi figli, intervistati da un giornalista negli anni settanta, affermarono di non sapere assolutamente nulla delle circostanze in cui la madre aveva sofferto le ferite alla testa, che l'avevano lasciata calva. Altri italiani che avevano partecipato allo sciopero di Lawrence divennero notissimi. Arturo Giovannitti e Giuseppe Ettor organizzarono sindacalmente gli operai degli stabilimenti tessili attraverso l'Unione Internazionale dei Lavoratori (*Wobblies*), e quando una giovane donna, Anna Lo Pizza, cadde uccisa durante una dimostrazione, furono incolpati della sua morte. La storia delle dimostrazioni e degli scioperi di Lawrence, ricca di incidenti, di morti e di accuse infondate, è, come mette in luce Ann Withington nel suo studio del 1912, per molti versi un esempio edificante della drammatica esperienza lavorativa e occupazionale degli immigrati italiani.[42]

Ad Ovest, altri conflitti per migliorare le condizioni di lavoro provocarono nuove tragedie. Nel 1914 a Ludlow, nel Colorado, diverse famiglie di minatori italiani e greci trascorsero un freddo inverno nelle tende, dopo essere state sfrattate dagli edifici della compagnia. La Domenica di Pasqua, durante una dimostrazione, un gruppo di guardie armate pagate dal padrone della miniera fece fuoco sui manifestanti facendo trentatrè vittime tra cui molte donne e bambini. Si potrebbero citare numerosi altri esempi.

Gli italiani cominciarono ad unirsi alle confederazioni dei lavoratori in numero sempre maggiore. Sebbene spesso accusati di fornire pochi membri al sindacato, e di preferire il ruolo di crumiri, essi dimostrarono che, quando numericamente forti, con

---

[42] Ann Withington, "The Lawrence Strike", *Life and Labor,* II, Marzo 1912, pp.73-77.

la qualifica o il potere contrattuale aderivano alle organizzazioni sindacali altrettanto rapidamente di chiunque altro. Coloro che guardavano al di là della prospettiva sindacale, mirando ad una riorganizzazione globale del sistema lavorativo americano, aderirono a gruppi più radicali come le associazioni anarchiche o l'Unione Internazionale dei Lavoratori (IWW).

Le cosiddette *Trade Unions* americane, soprattutto quelle che fecero parte dell'American Federation of Labor ebbero essenzialmente un carattere apolitico, si mossero esclusivamente sul terreno economico, ed ebbero unicamente per oggetto la tutela degli interessi dei salariati nei loro rapporti con le imprese capitalistiche.

Il movimento sindacale statunitense nel campo economico ebbe un carattere quasi "ortodosso", nel senso che si mantenne estraneo ad ogni modifica dell'ordinamento capitalistico della produzione, nè intese mai affermare il concetto della lotta di classe. Questa distinzione si rende necessaria soprattutto per capire la sostanziale politicità delle rispettive organizzazioni formate da immigrati stranieri. Confondere dunque le *Trade Unions* americane con le " Leghe Rosse", o altre similari organizzazioni, vorrebbe dire far violenza ai fatti.

Il tipo di associazione operaia che si incarnò nelle *Trade Unions*, e che ebbe una parte rilevantissima nel movimento industriale americano, rimase nella maggior parte dei casi estraneo alla vita delle comunità italiane. A New York, a Boston e in moltissimi altri centri minori, sorsero Unioni operaie italiane riconosciute dal grande organismo dell'*American Federation of Labor*.

Come ha dimostrato H.S. Nelli nel suo importantissimo studio sul fenomeno italoamericano del 1983, una delle principali ragioni per cui il movimento sindacale in genere impiegò molti anni prima di attecchire fra gli immigrati italiani é da ricercare nel fatto che l'emigrazione italiana fu composta in massima parte da contadini provenienti da regioni agricole nelle quali, per effetto di complesse condizioni economiche e sociali, ogni forma di organizzazione difensiva del lavoro, era assente o rudimentale.[43] Trapiantato in un ambiente intensivamente industriale, dove le forze del capitale e del lavoro si trovavano le une contro le altre, per un conflitto che diventò ogni giorno più aspro, il contadino emigrato, non poteva sperare di trovare occupazione se non in due modi:

1. offrendosi per un lavoro durissimo e puramente muscolare (*unskilled labor*), dal quale rifuggiva la più evoluta popolazione operaia indigena;

2. facendo concorrenza alla mano d'opera americana e fornendo agli imprenditori un' immensa riserva di *cheap labor*.

Sia in un caso che nell' altro l'emigrato non poteva, per la non conoscenza della lingua, trovare lavoro, se non per via di mezzani che agivano come intermediari tra il capitale e il *cheap labor* straniero.

Sorse così, in modo automatico, dalle stesse condizioni intellettuali, economiche e sociali, la figura del *boss* o *padrone* che diede inizio all'opera di sfruttamento del lavoro irregolare e clandestino, e all'ostacolo di ogni tentativo di organizzazione operaia. Le nascenti Trade Unions italiane si trovarono,

---

[43]H.S Nelli, *From immigrants to...*cit. pp.75-78.

all'inizio,   sommerse dalle innumerevoli società di mutuo soccorso, nelle quali in alcuni casi si disperse la sociabilità già originariamente debole della popolazione emigrata. Oltre questi istituti evidenziati, si può menzionare il *Comitato di Soccorso e di Lavoro* di San Francisco la cui azione fu principalmente quella di fornire consigli agli emigrati che si recavano in California, di assisterli legalmente, di collocarli al lavoro iscrivendoli nelle *Labor Unions*, e facilitandogli l'ottenimento della cittadinanza americana.

 Nel 1904, a Pittsburgh, fu istituita la *Cassa di previdenza per gli operai italiani*, la quale nel 1906-1907 otteneva dal governo italiano un sussidio di 2.500 lire; essa fu posta sotto il controllo dell'autorità consolare ed aveva lo scopo di venire in aiuto agli operai italiani colpiti da infortuni, soccorrere in caso di morte le famiglie delle vittime, e procurare gratuitamente agli operai e alle famiglie la necessaria assistenza legale per farne valere gli eventuali diritti contro i responsabili dell'infortunio.

Il fattore chiave del graduale successo e dell'affermazione delle organizzazioni operaie degli immigrati fu il "potere della contrattazione collettiva", una specie di assicurazione che poteva garantire ai lavoratori gli obiettivi prefissati. Quando queste prospettive trovarono un riscontro reale, gli immigrati italiani si organizzarono rapidamente e spesso con successo.

2.3 *Il ruolo della chiesa e delle istituzioni di beneficenza*

Queste preziose organizzazioni, istituite per assicurare benessere e sostegno ai primi immigrati italiani, furono spesso, ma non sempre, eguagliate dall'attività della chiesa cattolica. La chiesa cattolica ebbe una parte abbastanza importante nella vita delle comunità italiane, composte come erano da una grande maggioranza di meridionali molto credenti, ma offriva pochi servizi ed inoltre in alcuni casi esercitava un potere ed un influsso non sempre rilevantissimo. La ragione di questo, può essere attribuita al fatto che la chiesa cattolica, negli Stati Uniti, aveva un orientamento quasi esclusivamente irlandese, oltre alla relativa assenza di un numero significativo di sacerdoti italiani prima del 1880.

L' "Eco d'Italia" notò, per esempio, che nel 1869 c'erano solo 128 sacerdoti italiani sparsi per la nazione. Prima del 1880 non si registrarono fondazioni di associazioni cattoliche di supporto per gli immigrati ad eccezione della grande chiesa e congregazione italiana fondata in Sullivan Street a New York, nel 1866, dal reverendo Leo Pacillo.

 In ogni località dove esisteva una colonia discretamente numerosa, si incontravano chiese italiane rette da sacerdoti venuti dall'Italia, che tentarono di esercitare una grande influenza sui propri connazionali. Essi organizzarono quasi sempre oblazioni e feste per la raccolta di fondi al fine di costruire nuove chiese nelle comunità, sia, talvolta, nei paesi d'origine degli emigrati.

 Nel South Village di New York, ad esempio, furono costituite due parrocchie cattoliche, rispettivamente nel 1866 e 1893.[44] Sebbene precedente al grosso dell'immigrazione italiana nella zona, non pare che la parrocchia abbia avuto una parte di primo piano nel primo insediamento italiano. Una ragione fu la politica tendente all'assimilazione da parte della gerarchia cattolica irlandese dei fedeli italoamericani, politica che ebbe come conseguenza la proibizione di molte delle feste religiose che le società di immigrati continuavano a celebrare al di fuori della chiesa.

 In queste prime parrocchie l'inserimento di famiglie irlandesi che vivevano nella zona sembra aver allontanato gli italiani; gli irlandesi infatti sostenevano un ruolo dominante negli affari della parrocchia, mentre gli italiani erano invitati a partecipare alle funzioni religiose nel seminterrato della chiesa. La situazione cambiò dopo la prima guerra mondiale. Nella parrocchia gli italiani diventarono la forza dominante poichè le famiglie irlandesi continuavano a trasferirsi altrove. I singoli abitanti potevano essere indifferenti, ma le famiglie avevano maggior

---

[44] D. Tricarico, "The Italians of Greenwich Village: The Restructuring of Ethnic Community", in R.N Juliani (ed.), *The Family and Community Life of Italian Americans*, Staten Island, New York, 1983, pp. 34-47.

bisogno dei servizi della parrocchia. I servizi della parrocchia con il passare dei decenni divennero sempre più una risorsa fondamentale del quartiere immigrato. Nelle scuole parrocchiali si registrò infatti una grande presenza di bambini italiani.

Gli immigrati sostenevano finanziariamente la parrocchia (uomini d'affari, prominenti, e politici locali facevano donazioni generose) e prestavano i loro servizi volontari per portarne avanti gli interessi. I parroci erano quasi sempre visti con rispetto poichè svolgevano un importante ruolo civico che li mettevano a contatto con gli esponenti del potere locale.

 A San Francisco, la chiesa cattolica cominciò ad interessarsi attivamente degli immigrati italiani negli anni sessanta del 1800. Fino ad allora, gli italiani assistevano alle funzioni nella chiesa di San Francesco insieme con gli immigrati spagnoli e portoghesi, dove un prete cinese officiava per tutti loro. Nel 1884 il vescovo Patrick Riordan assegnò un parroco italiano alla comunità di San Francisco ed autorizzò la costruzione di una chiesa nazionale italiana. I padri salesiani invece assunsero la guida spirituale della città nel 1897.[45] Le istituzioni coloniali italiane ed il clero entrarono in conflitto principalmente sul problema dei santi e delle processioni. Ogni società di mutuo soccorso, o associazione di qualsiasi genere, aveva il suo santo patrono, la cui statua si trovava nella sede dell'organizzazione stessa. Ogni anno le società celebravano la festa del santo patrono, e il culmine della celebrazione era la processione che si svolgeva di solito la domenica pomeriggio. Nel 1892, il console riferiva che a North Beach c'era una processione quasi ogni Domenica, poichè alcune

---

[45] D. Cinel, *op.cit*, p.78.

società onoravano diversi santi patroni per soddisfare le richieste degli immigrati di vari paesi della stessa regione.

Il clero cittadino, prevalentemente irlandese, disapprovava energicamente queste manifestazioni che ricordavano riti primitivi e pagani. Forse per ordine del vescovo, o forse solo per riaffermare un certo tipo di ortodossia ed accrescere il controllo clericale sulla moltitudine di società di mutuo soccorso e altre associazioni che si andavano sviluppando, i sacerdoti italiani esortarono gli immigrati a portare nelle chiese le statue dei santi, a ridurre il numero di processioni e ad entrare nelle organizzazioni ecclesiastiche come la *Holy Name Society*. Le società replicarono non invitando più il clero alle processioni. Finalmente, dopo il 1900, le società rinunciarono in parte alle statue e alle processioni, ed entrarono in stretti rapporti con le organizzazioni ecclesiastiche, ma fino ad allora santi, processioni ed innumerevoli altre rappresentazioni folkloristiche servirono agli immigrati per esprimere e conservare le proprie realtà regionali.

Molti sacerdoti furono ispirati a sentimenti di vera carità cristiana ed esercitarono il loro ministero a vantaggio, anche culturale e sociale, della comunità. Però, ve ne furono altri venuti in America per qualche scandalo di cui erano stati protagonisti in Italia, oppure semplicemente (anche loro come la stragrande maggioranza degli immigrati) per migliorare economicamente le proprie condizioni di vita.

Pochi sacerdoti furono incaricati direttamente dai loro ministri superiori di reggere una chiesa, e questi furono i migliori; gli altri vennero di loro iniziativa "a cercare una messa". Si stabilirono poi in qualche centro con una popolazione italiana numerosa prendendo un locale in affitto, poi attraverso la carità poterono costruire subito chiese nuove.

 L'influenza dell'ambiente americano   contribuì a far sì che considerassero la loro missione spesso come un semplice affare, e che conducessero una vita privata non molto edificante di cui i fedeli si scandalizzarono molto meno di quello che non avrebbero fatto gli stessi individui in Italia.[46] Anche i Vescovi poco si curarono di punire i colpevoli. Un merito che ebbero tutti i sacerdoti italiani fu quello di aver tenuto vivo il sentimento d'italianità; alcuni lo fecero per vero patriottismo, altri perchè si accorsero che l'italiano americanizzato o perdeva del tutto la fede oppure finiva per frequentare solo la chiesa cattolica americana. E' indubitabile comunque che il clero italiano esercitò un'influenza enormemente più utile sugli immigrati di quello americano-irlandese, che fu molto più fanatico e spesso anti-italiano. Comunque episodi di diffidenze e di resistenza verso il clero furono frequenti fra gli immigrati che, pur molto attivi nelle espressioni più genuine e folkloristiche del cattolicesimo popolare (processioni, feste patronali ecc.), in generale ignoravano le dottrine e i riti ufficiali. Inoltre   quegli immigrati che conoscevano in qualche modo gli eventi politici italiani dopo il 1848, erano probabilmente irritati dalle interferenze politiche del Vaticano, e l'anticlericalismo era diffuso. Infine i sacerdoti italiani che operavano tra gli immigrati erano restii a permettere l'espressione delle forme più popolari della religione che venivano liberamente praticate in Italia, soprattutto perchè la direzione delle diocesi americane era nelle mani del clero

---

[46] Cfr. L. Villari, op.cit., p. 287.

irlandese, che nutriva scarsa simpatia per il folklore religioso italiano.

Non si può tuttavia parlare di emigranti e di emigrazione senza citare Mons. G. B. Scalabrini, Vescovo di Piacenza, che dell'emigrato fu il più strenuo difensore e protettore. A lui andò il merito di essere stato uno dei primi a richiamare l' attenzione della nazione italiana sul fenomeno migratorio. A lui e a pochi altri si deve il riconoscimento delle prime vere protezioni dell' immigrato.

Dal 1887, quando l'emigrazione italiana incominciò ad assumere proporzioni grandiose, fino agli ultimi giorni della sua vita, si mostrò il più grande benefattore dell'immigrato italiano. Nella primavera del 1887, trovandosi a Genova nelle vicinanze del porto, vide un numeroso gruppo di persone ammassate e cariche di valige e sacchi pronte ad imbarcarsi sul piroscafo. Mosso dalla curiosità e dal desiderio di conoscere chi fossero, da dove venissero e dove si dirigessero, s'avvicinò e chiese notizie.[47]

Erano poveri operai e contadini, in maggioranza meridionali, che spinti da dura necessità emigravano a New York. Ritornato alla sua abituale dimora, il Vescovo volle assicurarsi se quegli emigranti incontrassero nel nuovo continente persone adatte e capaci a dirigerli. Consultò quindi annuari, relazioni, almanacchi, ma con dispiacere si trovò a constatare che gli emigranti italiani rimanevano in molti casi abbandonati a se stessi.

Dotato di rara intelligenza, con larghe vedute, da uomo d'intuito non comune, vide i gravi bisogni dell' immigrato e li fece propri. Animato da sincera carità, concepì il pensiero di soccorrere

---

[47] Le notizie sull'attività di Mons. Scalabrini sono ricavate da G. Maffei, *L'Italia nell'America del Nord*, Valle di Pompei, 1924, pp.62-65.

l'emigrato nel modo più proficuo ed efficace in tutte le circostanze della sua vita all'estero. Organizzò dunque una nuova missione, che prese il nome dal fondatore: missione scalabriniana. In principio riunì un piccolo drappello di sacerdoti, i quali si prepararono sia spiritualmente che praticamente ad iniziare l'opera benefica.

Nella primavera dell'anno seguente, provvisti di sufficienti mezzi, partirono dal porto di Genova, alcuni missionari con a capo il sacerdote Pietro Morelli, diretti a New York. La loro apparizione nella repubblica americana fu una vera festa. Il loro arrivo fu salutato da grandi manifestazioni di simpatia e rispetto. Era la prima volta che, dopo quasi settanta anni di emigrazione italoamericana, si vedevano giungere sacerdoti con lo scopo unico di fornire assistenza religiosa e morale all'emigrato italiano.

I primi missionari scalabriniani dovettero superare non poche difficoltà, ma la loro opera benchè lenta, fu efficace e salutare. Seguirono infatti l'emigrato in ogni suo percorso, apportando conforto e sollievo al suo spirito angosciato. Grazie a queste opere missionarie, l'immigrato si sentì un po' meno solo, la patria gli sembrò in qualche modo più vicina, essendo ad essa unito da una corrispondenza d'affetto spirituale. Nel 1901 Mons. Scalabrini visitò personalmente l'America del Nord. Fece sentire la sua voce e le sue ragioni nei piccoli villaggi come nelle grandi città. Raccoglieva intorno a sè gruppi di emigrati, mettendo in rilievo soprattutto i doveri e i diritti dell'italiano negli Stati Uniti. Notata poi la mancanza di una autentica ed efficacie protezione dell'immigrato, diede impulso alla società di protezione *San Raffaele*. a cui egli stesso contribuì per le spese di mantenimento,

e ordinò la costruzione di ospedali ed orfanatrofi per i bisognosi.
Constatò poi che il patriottismo e il nazionalismo cominciavano
ad oscurarsi, specialmente nella seconda generazione di
immigrati, fece comprendere la necessità di scuole italiane, e
diede ai suoi missionari l'incarico di istituirle, anche a costo di
grandi sacrifici. Ordinò pure la fondazione di circoli religiosi e
civili per la gioventù, e nei suoi discorsi pubblici e privati esortò
tutti gli immigrati, senza distinzione di classe, alla concordia e
all'unione, invitandoli a radunarsi intorno al missionario e al
sacerdote italiano. Prima dell'opera scalabriniana, operarono
negli Stati Uniti l'Ordine Francescano e la Compagnia di Gesù,
che però si occuparono dei cattolici di ogni nazionalità, e non
ebbero cura diretta dell' immigrato italiano.

Sebbene molti immigrati italiani rimasero di fatto fedeli al
cattolicesimo nonostante le molte tentazioni anticlericali e
protestanti, la loro lealtà differì da quella di altri gruppi etnici
come, ad esempio, gli irlandesi o i polacchi.[48] Diversamente dalla
situazione esistente in Italia, la chiesa era importantissima per i
contadini irlandesi o polacchi, i quali se necessario sarebbero stati
pronti a lasciare la casa e il paese piuttosto che rinnegarla.[49]

La coscienza di una identità nazionale, che si sviluppò tra i
gruppi di immigrati negli Stati Uniti, influenzò fortemente le
attitudini etniche nei confronti della religione. Gli irlandesi e i
polacchi consideravano il cattolicesimo come parte centrale del

---

[48] I protestanti americani, videro l'opportunità di convertire alla loro fede molti immigrati
italiani delusi dal comportamento del Vaticano che rifiutava di riconoscere il Regno d'Italia.
Molti leaders protestanti supportarono pubblicamente il nuovo stato e condannarono
l'ingerenza papale. Alcuni gruppi religiosi come i Metodisti, i Battisti, e i Presbiterani,
operarono attivamente tra gli immigrati italiani. Essi ressero 326 chiese e missioni, e
stamparono vari giornali, libri, e volantini sia in inglese che in italiano. Agnew, W.H., "
Pastoral Care of Italian Children in America. Some Plain Facts About th Condition of Our
Italian Children," *American Ecclesiastic Review,* XLVIII, (March 1913), p.258.
[49] *Ivi* , p.259.

loro nazionalismo; mentre per gli italiani la chiesa e il nazionalismo esercitavano poteri diversi ed opposti.[50]

L'adorazione spesso fanatica di immagini religiose e la presenza di riti superstiziosi fecero divenire la religione una parte importante e giornaliera della vita dell'immigrato, ma sembrarono indicare alla maggioranza degli studiosi e critici americani una attitudine quasi irreligiosa o pagana.

Questi osservatori considerarono la assidua partecipazione italoamericana a festival religiosi, processioni e feste, come una sorta di perversione della dottrina mentre tali manifestazioni per gli immigrati non erano altro che parte della normale attività spirituale ed una estensione e conservazione della tradizione.

 Quello che gli americani videro come una caduta in basso della religione fu parzialmente un adattamento delle vecchie abitudini a nuove condizioni di vita, e parzialmente uno sforzo per contrastare l'influenza ed il dominio irlandese nella chiesa cattolica americana.

La chiesa cattolica, per guadagnare e mantenere il sostegno degli immigrati e dei loro discendenti, sentì il bisogno di offrire una varietà di servizi che erano parzialmente o interamente non teologici in natura, e che si erano rivelati inefficaci nel piccolo paese italiano. Le prestazioni offerte inclusero missioni, organizzazioni laiche, e corsi scolastici (Sunday Schools) e fecero parte di un generale movimento nella chiesa cattolica americana, durante il periodo tra il 1890 e la prima guerra mondiale, che andò sempre più incontro ai bisogni degli immigrati.

---

[50] Almeno fino al 1929 quando lo Stato italiano e il Vaticano firmarono un concordato attraverso il quale la chiesa riconosceva l'esistenza del Regno d'Italia e Roma come sua capitale, e lo stato accettava il cattolicesimo come religione ufficiale e la formazione dello stato sovrano di Città del Vaticano (i cosiddetti Patti Lateranensi).

Oltre alle scuole, che giocarono un ruolo importantissimo nella conservazione e diffusione della cultura italiana, furono necessarie altre istituzioni di beneficenza come gli asili infantili, gli orfanatrofi, i ricoveri per i poveri e gli ospedali.

Ogni anno, un numero considerevole di figli degli emigrati italiani venivano affidati alle cure di istituzioni americane, e vi rimanevano, a seconda delle circostanze, un periodo di tempo più o meno lungo. Qui gli orfani e i bambini in genere, specialmente in tenera età, subivano interamente l'influenza americana, e finivano con il dimenticare totalmente quel poco d'italiano (ma il più delle volte dialetto), imparato dai genitori. Nel momento in cui lasciavano l'istituto erano poi perfettamente americanizzati anche nel nome. I cattolici espressero sempre una profonda preoccupazione riguardo il fatto che la maggior parte dei genitori mandasse i propri figli nelle scuole pubbliche americane piuttosto che in quelle parrocchiali. Anche la stampa italoamericana cercò di ostacolare e di contrastare l'educazione scolastica nelle parrocchie insieme a gruppi protestanti, nazionalisti, e socialisti attaccando il concetto di scuola cattolica, visto come mezzo di controllo mentale e sociale della comunità. Fecero incessanti appelli affinchè i genitori mandassero i figli nelle scuole pubbliche, affermando che la religione doveva essere insegnata a casa e non negli istituti. Per l'immigrato medio, comunque, le considerazioni di tipo economico e la disponibilità piuttosto che la paura di una dominazione intellettuale cattolica favorirono la decisione di iscrivere i giovani nelle *public schools*.

Quando gli immigrati con le rispettive famiglie, dopo alcuni anni di stanziamento nel quartiere urbano, si trasferivano in un altra città, la chiesa diventava l'istituzione primaria che essi ritrovavano, più o meno organizzata nello stesso modo.

Gli italiani, negli anni, rimasero tradizionalmente fedeli alla Chiesa cattolica, sebbene, nonostante il loro grande numero, tuttora non esercitino una chiara leadership all'interno di essa. Nel 1972 più della metà dei 21 milioni di italoamericani di ogni generazione, presenti negli Stati Uniti, erano ancora cattolici praticanti (circa il 20% del totale della popolazione cattolica americana), ma c'erano solamente nove vescovi di origine italiana in tutta la nazione. Gli irlandesi, d'altra parte, costituivano il 17% dei cattolici statunitensi, ma fornivano più della metà dei vescovi. Il numero dei sacerdoti italiani fu sempre modesto, e precluse al clero italoamericano successivi avanzamenti nella gerarchia ecclesiastica, non avendo un peso rilevante nella direzione e gestione della chiesa cattolica.

CAPITOLO III

Alcune istituzioni tipiche italoamericane

3.1 La famiglia

Al centro della comunità italiana stava la famiglia; in effetti, la sua importanza per l'organizzazione della comunità crebbe con la diminuzione del numero e della percentuale dei maschi immigrati. Anche se la seconda generazione era meno prolifica e gli elementi patriarcali si attenuavano, la vita familiare si ispirava a valori tradizionali collegabili ad una divisione domestica del lavoro e della solidarietà tra i membri della famiglia. La tradizione familiare comune era la base di un consenso morale che distingueva gli italiani dagli altri gruppi etnici. A un livello più concreto le famiglie del quartiere creavano una solidarietà che si basava su piccoli aiuti e scambi di cortesia reciproci.

Per tutti gli immigrati italiani la famiglia sopperì ad ogni più elementare bisogno, ed ebbe un ruolo centrale e fondamentale nel processo di assimilazione. Nonostante (come analizzeremo ampiamente in seguito) il sorgere di associazioni ed organizzazioni per la tutela, il soccorso e l'intrattenimento dell'immigrato, nessuna istituzione eguagliò l'importanza del nucleo familiare. Come altri organismi, col passare degli anni e delle generazioni, anche la famiglia subirà consistenti modifiche nel corso dello stanziamento in America.

Gli immigrati e i loro discendenti credevano fermamente di aver ricreato la tipica famiglia meridionale nelle Little Italies d'America.[51]

In verità la comunità e il tipo di unità e tradizione familiare presenti nel paese italiano che essi ricordavano così appassionatamente era, per la maggior parte, un mito. Un leader italoamericano di Chicago, nel 1923, descrivendo il suo quartiere diceva: " *It has got the same kind of warmth, friendliness, and intimacy in our community life that was to be found in the small towns of Sicily from whence our parents came.* " [52]

L'unità e la forza indistruttibile del nucleo familiare, in realtà, era in molti casi più un ideale che un fatto compiuto. Gli interessi e i bisogni della famiglia influenzavano però di fatto ogni attitudine verso la chiesa, lo stato, la scuola ed altre istituzioni.

La sociologa Floyd Mansfield Martison ha osservato che esisteva un'intima azione reciproca della famiglia meridionale in America

---

[51] Nel capitolo I abbiamo già analizzato il ruolo e l'importanza della famiglia nel contesto della società dell'Italia del Sud alla fine dell'ottocento.

[52] " Ha lo stesso tipo di calore, cordialità, e intimità nella vita comunitaria, che si poteva trovare nei piccoli paesi della Sicilia da dove sono venuti i nostri genitori". Foote Whyte W. " Social Organization in the Slum," *American Sociological Review,* VIII (February 1943), p.36. Citato in Nelli H.S., *From Immigrants to Ethnics..*cit., p.131.

con le pratiche religiose, la coltivazione di un piccolo orto, la celebrazione di feste, l'educazione dei figli, la protezione delle persone care e tutti gli altri aspetti folkloristici della vita sociale del paese di provenienza.[53]

Luigi Barzini, autore di un'interessante lavoro sull'immigrazione italiana del 1964, lo evidenzia ancora più fermamente affermando che: *"No Italian who has a family is ever alone."* [54]

All'interno del nucleo familiare, ogni individuo aveva delle speciali funzioni e particolari responsabilità. Il padre era l'interprete principale dei bisogni familiari e deteneva, come logica conseguenza, il più alto grado di comando. Autoritario e deciso fino all'inverosimile, governava la casa e la famiglia con disciplina e prepotenza. Nessuno dei familiari poteva compiere un'azione di sua libera iniziativa senza prima ottenere il suo permesso, nemmeno il figlio maggiore che godeva di uno status speciale e di alcuni privilegi. Per controllare il comportamento della prole, adoperava punizioni sia verbali che fisiche; mentre le parole di affetto e di approvazione erano distribuite molto limitatamente. Il suo controllo e dominio sulla stirpe non era però assoluto e categorico. Come ha dimostrato Leonard Covello, questo controllo poteva dipendere da alcuni fattori. Finchè il padre rimaneva la figura principale che provvedeva economicamente ai bisogni della famiglia e godeva di ottima salute fisica e mentale, il suo ruolo e la sua autorità erano indiscussi. La vecchiaia e la malattia potevano alterare la sua funzione, che era altresì minacciata nel caso in cui rimaneva vedovo e uno dei figli si sposava.[55]

---

[53] F. Martison Mansfield, *Family in Society*, New York, 1970, p.88.
[54] "Nessun italiano che ha una famiglia è mai solo." L. Barzini, *The Italians,* New York, 1964, p.198.

La madre, sebbene subordinata al capofamiglia, occupava un ruolo vitale nell'esistenza della famiglia. Essa era il centro dell'attività domestica, e la sua opinione era presa in considerazione nelle decisioni. Si occupava della crescita e dell'educazione dei figli, e faceva da mediatore tra loro e il padre. La sua area di responsabilità era entro le mura domestiche. Cucinava i pasti, lavava, stirava e ricuciva i vestiti, sceglieva le mogli o i mariti per i figli e gestiva i soldi e le risorse che entravano. Non doveva avventurarsi lontano da casa, e non doveva lavorare per estranei. Era insomma la padrona di casa, ma sempre sotto il controllo del marito al quale obbediva spesso incondizionatamente. Comunque, sebbene in apparenza l'organizzazione familiare fosse sottoposta alla dominazione paterna, in pratica la madre in molti casi aveva l'ultima parola nelle decisioni importanti. In effetti, il padre meridionale immigrato rappresentava l'emblema dell'autorità, della severità, dell'onore e della precedenza, ma in realtà il vero potere, compreso il controllo sui cordoni della borsa, era nella mani della madre che godeva del rispetto e dell'ammirazione di tutti i membri della famiglia.[56]

Quando i genitori invecchiavano, generalmente l'autorità paterna declinava, mentre il prestigio e l'amore per la madre aumentavano.

Entrambi i genitori esigevano rispetto e cieca obbedienza da parte dei figli, che venivano responsabilizzati e soprattutto impiegati,

---

[55] L. Covello, *The Social Background of the Italo-American School Child: A Study of the Southern Italian Family Mores and their Effect on the School Situation in Italy and America,* Leiden, Holland,1967, p.154. citato in H.S. Nelli, *From Immigrants...*cit. p.132.
[56]Cfr. C. G Chapman., *Milocca: A Sicilian Village,* Cambridge, Mass. 1971, p.124.

già in tenera età, in attività lavorative. La quasi totalità dei guadagni dei figli veniva poi trattenuta dai genitori.

Era un fatto riconosciuto che i figli maschi avessero un valore sociale molto più grande delle figlie, le quali cercavano di rispecchiare i comportamenti della madre in modo da prepararsi adeguatamente per il matrimonio e la successiva maternità. La loro educazione era basata principalmente sulla partecipazione alle attività familiari e consisteva nella acquisizione dei doveri di moglie e madre in stretto accordo con il codice di comportamento familiare.[57]

Dall'età di sette anni, le bambine lasciavano da parte i giochi e le bambole di pezza per aiutare la madre nelle faccende domestiche e prendersi cura dei fratellini più piccoli. Quando poi raggiungevano un'età da marito (generalmente dai quindici anni in poi), si sposavano con un individuo scelto dai genitori, e originario della stessa zona di provenienza. Il matrimonio rappresentava, oltre all'unione di due individui, l'unione di due famiglie creando una nuova unità economica e sociale.

Nonostante le numerose pressioni ed influenze esercitate dall'ambiente americano, inizialmente, gli immigrati preservarono con successo gli schemi tradizionali familiari. I successivi ed inevitabili cambiamenti furono molto graduali, ma nel corso dello stanziamento intaccarono profondamente l'importanza e la centralità della famiglia e delle altre istituzioni tipiche. Entro la famiglia, infatti, due culture differenti cominciarono a contrastarsi, un tema ricorrente esplorato da molti scrittori italoamericani, ed in particolare da Jerre Mangione in *Mount Allegro* (1942).[58] Mount Allegro è una sorta di

---

[57] L. Covello, *op.cit.*, pp.213-14, citato in H.S. Nelli, *From Immigrants...*cit. p.132.

autobiografia con elementi romanzeschi. Presenta un reale spaccato della vita di una famiglia italiana immigrata stanziatasi nella comunità italiana, chiamata appunto Mount Allegro, di Rochester, N.Y. Nel corso del processo di insediamento nella nuova realtà il nucleo familiare assorbe lentamente gli usi e i costumi della nuova società divenendone poi parte integrante. La grande abilità del narratore è quella di staccarsi il più possibile dal contesto familiare, ed analizzare i sentimenti e le reazioni della sua gente dandoci una imparziale veduta del, per molti aspetti doloroso, processo di assimilazione. Mangione era infatti convinto che la prima generazione non poteva essere completamente americanizzata a causa della mentalità e delle tradizioni troppo radicate. La seconda generazione (quella dello scrittore) doveva rappresentare la fusione delle due culture, mentre la terza sarebbe stata il risultato definitivo del "prodotto" italoamericano.

Mangione si accorse presto che le differenze, i contrasti e il conflitto d'identità, (presenti già nella seconda generazione), erano pronti ad esplodere, causando quello smarrimento e quella alienazione che, in seguito, caratterizzeranno l'esperienza degli americani di origine italiana.

I genitori immigrati esigevano una condotta familiare secondo gli schemi tradizionali. I figli invece volevano comportarsi secondo le regole dell'*American Way of Life*, e non appena iniziarono ad apprendere l'inglese, a scuola o nelle strade, i ruoli e i rapporti familiari cominciarono ad alterarsi. I giovani guadagnarono presto voce in capitolo ed attenzione negli affari familiari a causa della loro maggiore conoscenza della società, mentre i padri,

---

[58] J. Mangione, *Mount Allegro,* Boston, Peggy Bacon, 1942.

seppure in modo riluttante dovettero in qualche caso rinunciare alla loro autorità, ascoltando i loro consigli.

La maggioranza degli immigrati meridionali negli Stati Uniti aveva un'età compresa tra i diciotto e i quarantacinque anni, ed una alta percentuale di questi si sposò e formò una famiglia nella nuova realtà. I matrimoni avvenivano generalmente tra i diciotto e i ventidue anni di età, leggermente più tardi che in Italia con una importante differenza determinata dal fatto che le giovani ragazze chiedevano di scegliere indipendentemente il proprio marito.

I giovani immigrati si sposavano esclusivamente entro il proprio gruppo etnico, scegliendo la persona proveniente dalla stessa città, o eventualmente dalla stessa regione. Gli italoamericani della seconda generazione, specie quelli con possibilità di avanzamento sociale, cambiarono seppur in minima parte, questa attitudine, sposandosi con non-italiani e, sebbene più raramente, con non-cattolici.

Nonostante le pressioni dei genitori che chiedevano una gran numero di nipoti, la tendenza delle coppie fu quella di avere piccole famiglie, composte da due o al massimo tre figli. Sebbene la struttura familiare rimanesse essenzialmente patriarcale, il capofamiglia divenne molto meno autoritario che suo padre e più tollerante nelle relazioni con i figli, mentre la moglie era sempre meno passiva e dipendente dal marito.

I figli, sia che fossero ragazzi o ragazze, godevano dell'aiuto dei genitori in ogni campo (istruzione sanità, divertimenti ecc.); i genitori non sceglievano più il marito o la moglie per loro, ed il nucleo familiare era subordinato ai loro interessi e bisogni.

Già all'inizio degli anni quaranta la famiglia italoamericana era oramai completamente orientata verso un sistema di vita totalmente americano, rassomigliando sempre di più ad una tipica famiglia americana media.[59]

3.2 The Padrone System

Solitamente, i lavoratori immigrati italiani, per trovare lavoro, si rivolgevano ad un *padrone*.[60] Spesso non proprio onesto e comprensivo delle esigenze dei lavoratori, questo agente di collocamento era quasi sempre indispensabile. Egli trovava il lavoro, negoziava il salario, procurava gli alimenti tradizionali, forniva l'alloggio e scriveva le lettere degli immigrati a casa, tutto a pagamento. Egli era, come analizzeremo in dettaglio più avanti,

---

[59] P. Campisi, "Ethnic Family Patterns: The Italian Family in the United States," *American Journal of Sociology,* LIII, Maggio 1948, p.448.
[60] L'istituzione del "Padrone System" è stata oggetto di numerosi studi e tra i più importanti ai quali ho fatto riferimento: H.S. Nelli, "The Italian Padrone System in the United States," *Labor History,* V, primavera 1964, e E. Fenton, *Immigrants and Unions, A Case Study. Italians and American Labor, 1870-1920*, New York, 1975.

anche banchista, avvocato ed insegnante. Senza la sua figura la distribuzione della mano d'opera italiana attraverso gli Stati Uniti sarebbe stata più lenta e difficile. Le proteste verso questo tipo di sistema, caratterizzato da soprusi e sfruttamenti, furono isolate e sporadiche. La maggior parte degli immigrati , che lavoravano nei campi e nelle industrie di conserve del New Jersey, ad esempio, venivano assunti dai padroni, nel quartiere italiano di Philadelphia. Nel 1910, operavano nella città quattro o cinque grossi personaggi che sfruttavano la situazione con lucrosi guadagni; alle loro dipendenze lavoravano i padroncini che fornivano agli imprenditori agricoli la manodopera necessaria.

Questi *boss*, anch'essi immigrati e spesso occupati nei lavori stagionali, riuscivano tranquillamente ad approfittarsi dei loro compatrioti. Per ogni filare del campo, c'era un sorvegliante alle dipendenze del padrone, che controllava i braccianti ed agiva da mediatore con gli agricoltori americani. Le ore di lavoro erano lunghe, ed il lavoro estremamente faticoso. Il trattamento disumano (i sorveglianti a volte picchiavano gli operai con mazze sulla schiena) e gli orari estenuanti (dieci ore al giorno tutti i giorni tranne la Domenica) furono portati all'attenzione degli assistenti sociali.[61]

Gli immigrati meridionali che fluirono negli Stati Uniti dopo il 1880 generalmente sapevano solo qualche parola di inglese, non avevano nessun tipo di contatti con potenziali datori di lavoro americani ed ignoravano le pratiche di collocamento. Per compensare queste deficienze, cercavano un intermediario, qualcuno che parlasse sia inglese che italiano, che capisse le

---

[61] E. Ginzburg, *Il Proletariato Italiano di Filadelfia all'inizio del secolo,* Roma, Centro Studi Emigrazione,1976, "Estratto", pp. 25-37.

abitudini e le tradizioni italiane, e che soprattutto avesse dei contatti con datori di lavoro americani che necessitavano di manodopera non qualificata. Questo intermediario fu il *padrone* o *boss*.

Queste forme di sistema padronale sembrarono subito tipiche di una immigrazione formata da individui provenienti prevalentemente da nazioni come Italia, Grecia, Austria, Bulgaria, Macedonia, e Messico. Fu il metodo attraverso il quale questi gruppi etnici superarono tre principali ed immediati problemi: difficoltà linguistica, esigenze economiche impellenti, ed integrazione lavorativa.

Il dottor Egisto Rossi, dell'Italian Immigration Bureau, ricapitolò la situazione, affermando che:

"The padrone system, or bossism, can be defined as the forced tribute which the newly arrived pays to those who are already acquainted with the ways and language of the country." [62] Il "Padrone System" fu attivo negli Stati Uniti dal 1860 circa fino ai primi anni del ventesimo secolo.

Prima dell'approvazione del Foran Act nel 1885, che proibì l'importazione di manodopera immigrata sotto contratto, il padrone reclutava i lavoratori direttamente in Italia, pagava per il loro trasporto, e trovava loro un'occupazione negli Stati Uniti, solitamente nel campo delle costruzioni. Generalmente, il padrone contrattava solo maschi adulti, ma alcuni preferivano portare in America famiglie intere, impiegando gli uomini in un lavoro manuale durissimo, forzando le donne anche alla

---

[62] " Il Padrone System, o Bossism, può essere definito come il tributo forzato che i nuovi arrivati pagano a quelli che hanno fatto già la conoscenza con i modi di vita e la lingua della nazione." United States Congress, Senate, *Reports of the Industrial Commission* (Washington,1901), XV,432, citato in H.S Nelli, " The Italian Padrone System....", cit. p.78

prostituzione, e mandando i bambini per strada a lucidare le scarpe dei passanti o a mendicare. Dopo il 1885 il padrone fu soprattutto un privato agente di collocamento, naturalmente senza alcuna licenza.

Questi Boss, contrattavano gli uomini in grandi metropoli come New York, Chicago ed altre città, e li inviavano presso i posti di lavoro. Questo sistema risultava particolarmente adatto per quelle attività lavorative che necessitavano una grande manovalanza non qualificata, con breve preavviso e in aree relativamente isolate.

Per il suo ruolo di principale porto d'arrivo di immigrati italiani, New York City divenne il centro principale del "Padrone System" negli Stati Uniti, ed i metodi usati dai boss in altre grandi città, ad eccezione di San Francisco, furono simili a quelli praticati nella grande metropoli.

Sebbene San Francisco avesse una grandissima comunità italiana, il "Padrone System" non diventò un fattore essenziale ed importante nelle attività di collocamento al lavoro della città.

Secondo uno studio del 1897 del Dipartimento del Lavoro degli Stati Uniti sul "Boss System", questa differenza derivò dal costo molto alto del viaggio attraverso il paese, che servì da effettiva barriera nei confronti di una grande e diretta importazione di manodopera, e quindi precluse l'arrivo di immigrati poveri e disposti a tutto pur di lavorare. La presenza di una notevole comunità di italiani del Nord, ormai stanziatisi a San Francisco da decenni, fu molto probabilmente un'altra importante ragione per i differenti schemi lavorativi presenti nella città californiana.

I padroni diressero i lavoratori in ogni parte degli Stati Uniti, e perfino in Canada, specialmente in quelle zone dove erano in corso progetti ferroviari e autostradali. Chicago divenne dopo New York la città dove il reclutamento di manodopera italiana fu più attivo, grazie alla sua importanza geografica e come nodo centrale di comunicazione, e, quando i lavori di costruzione assunsero una dimensione stagionale, diventò un luogo di stanziamento provvisorio per i lavoratori provenienti da tutto il paese.

 Esiste un discreto numero di racconti, pubblicazioni e articoli che descrivono le esperienze di sfruttamento padronale. Domenick Ciolli, uno studente universitario nato in Italia, ci racconta delle condizioni di vita e di lavoro in un campo padronale situato nell'Indiana. Ciolli era stato assunto come operaio bracciante, ma, vista la sua istruzione, gli furono garantiti dei privilegi speciali. Gli operai alloggiavano nei vagoni abbandonati senza finestrini e dormivano sopra delle tavole di legno appoggiate a terra o incastrate nella carrozzeria degli scompartimenti. La sporcizia e la polvere erano dappertutto, le lenzuola erano un accogliente rifugio per gli scarafaggi e le cimici. I lavoratori non erano nemmeno protetti dalla pioggia che passava attraverso i buchi del tetto delle fatiscenti carrozze. L'unico vagone che aveva i finestrini e tre letti decenti era quello dove alloggiavano il padrone, un capo cantiere, e Ciolli. Ognuno cucinava per sé, usando gavette arrugginite posizionate sopra la brace. La cena era l'unico pasto consentito. La colazione consisteva in una tazza di caffè alle quattro del mattino al momento di alzarsi e vestirsi. Il lavoro cominciava alle cinque e continuava senza interruzione fino a mezzogiorno. Secondo le parole del padrone: *"The beasts must not be given a rest. Otherwise they will step over me."* [63] Il

---

[63] " Le bestie non devono riposare. Altrimenti mi passeranno sopra." D. Ciolli, "The Wop

pranzo era composto da salsicce e pane per i più giovani e pane da solo per i lavoratori più anziani. Con questa razione di cibo gli operai dovevano lavorare duramente per oltre dieci ore e in ogni condizione atmosferica.

Nonostante le molte ovvie e scontate caratteristiche negative, il padrone compì una opera di grande valore; mise assieme il capitale americano con la manodopera italiana ancora troppo sprovveduta ed incapace di trovarsi un'occupazione da solo. Il "Padrone System" raggiunse la sua massima diffusione nella decade del 1890-1900, per poi declinare abbastanza rapidamente essendo osteggiato da nuove leggi federali, dalle associazioni dei lavoratori, e dai sindacati più estremisti.

Anche una maggiore conoscenza delle pratiche di assunzione, dei diritti dei lavoratori e delle regole lavorative, insieme ad una migliore nozione della lingua inglese contribuirono a far scomparire questa fondamentale istituzione tra gli italoamericani.

3.3 Le banche per immigrati e il ruolo del banchista italiano

Trovato l'alloggio e una prima occupazione (nella stragrande maggioranza dei casi misera, e mal retribuita), l'immigrato, ancor prima di associarsi ad una qualche società di mutuo soccorso che poteva in qualche modo garantirgli un futuro un pò più sereno, si affidava alle cosiddette *banche d'immigrazione*. Quasi sempre l'immigrato era portato ad affidare i suoi risparmi ad un *prominente* banchista italiano, invece che servirsi degli uffici postali per la trasmissione del denaro, e delle grandi e solide banche americane per la trasmissione stessa e il deposito.

---

in the Track Gang," *The Immigrants in America Review,* II (July 1916), p.63.

L'emigrante italiano, infatti, come abbiamo già descritto nei capitoli precedenti, sbarcava in America senza sapere una parola d'inglese ed ignorante di tutto. Se non trovava un amico o un parente sul posto era sperduto ed aveva impellente bisogno di chi gli procurasse alloggio, vitto, e occupazione, e lo conducesse al luogo del lavoro o alla stazione ferroviaria, che gli cambiasse la moneta, gli custodisse i risparmi o glieli trasmettesse alla famiglia in Italia, gli vendesse un biglietto per rimpatriare o per farsi raggiungere dai parenti, gli inoltrasse la corrispondenza, gli desse carta e francobolli per scrivere a casa e magari gli scrivesse la lettera stessa, gli espletasse degli atti notarili ed altro ancora. A tutte queste molteplici funzioni sopperì il banchiere coloniale.[64]

Queste banche per immigrati non erano vere e proprie banche. Non avevano nè capitale nè riserva, ed in alcune di esse non si teneva una regolare contabilità. Il giro d'affari della banca era disgiunto da quello privato del banchista, il quale spesso si serviva dei depositi dei clienti per gestire i propri affari o per operare speculazioni.

Nei primi anni del 1900, vi furono più di duemila istituti di questo genere (circa mille nel solo stato di New York), di cui più della metà tenuti da italiani. Alcuni di questi banchisti fecero affari in grande, regolarmente e onestamente, ma la maggioranza fu costretta a vivere mediante piccoli imbrogli e sfruttamenti. L'unica garanzia che aveva l'immigrato, era l'onestà personale e la solvibilità del banchista. Se queste venivano meno, quasi sempre perdeva irrimediabilmente tutto. Il banchista che riceveva

---

[64] Non esistono vere e proprie ricerche specifiche sull'attività e la presenza dei banchieri coloniali. Le iformazioni presenti nel testo sono ricavate dall'importante opera del famoso storico italiano Luigi Villari, *Gli Stati Uniti d'America e l'emigrazione italiana*, Milano,1912 pp. 248-251, e da altri resoconti di storici e cronisti italiani dei primi anni del novecento.

del denaro per trasmetterlo in Italia, nella stragrande maggioranza dei casi, non lo inviava direttamente, ma acquistava un vaglia in una grande banca di New York specializzata in operazioni del genere, la quale a sua volta spediva il denaro ad un suo corrispondente in patria. All'immigrato veniva consegnata la ricevuta personale del banchista, senza sapere per quale tramite il denaro veniva mandato in Italia, mentre la banca di New York ignorava il nome del mittente. Ci volevano in media due mesi di tempo perchè l'immigrato avesse un riscontro effettivo che il denaro fosse arrivato alla famiglia, ma spesso il periodo di attesa era più lungo.

Se il banchista era poco scrupoloso, tratteneva per sè una quantità di questo denaro gestendolo per affari e speculazioni nell'arco di molti mesi; se poi era disonesto, accumulava forti somme in questo modo, rispondendo evasivamente o con scuse plausibili agli immigrati che gli chiedevano spiegazioni del ritardo, o addirittura sparendo dalla circolazione.

I banchisti ricorsero ad ogni mezzo e ad ogni forma di pubblicità al fine di attirare potenziali clienti, dando anche, per esempio, alla loro banca il nome di qualche ben noto istituto italiano (Banca d'Italia, Banca Commerciale, ecc.) o dichiarandosi corrispondenti di grandi istituti di credito, senza in realtà avere mai avuto rapporti con essi.

Talvolta il banchista era solito farsi una clientela solo per il fatto di essere il solo italiano benestante in una certa comunità, o perchè era oriundo di una data regione, provincia, o comune d'Italia, in una località dove c'erano molti dei suoi compaesani. Sorge così spontanea la domanda del perchè gli immigrati affidassero a questa gente i loro risparmi invece di servirsi di altre istituzioni. La ragione è abbastanza facile da comprendere.

Ignorando la lingua, l'immigrato non sapeva farsi capire negli uffici americani; inoltre i grandi istituti bancari americani per l'eleganza con la quale erano arredati, lo mettevano in soggezione portandolo a preferire " il lurido ufficio di Don Ciccio o Don Peppino, dove nessuno fa osservazione se ha le scarpe fangose e le mani sporche o se sputa in terra."[65]   Oltre a ciò, le banche americane erano chiuse nelle ore in cui l'immigrato, impegnato come era in un lavoro massacrante che iniziava all'alba e terminava la sera, aveva il tempo di andarvi, mentre il banchista italiano lavorava fino a notte inoltrata e compiva altri servizi (prestiti facili, banco dei pegni, ecc., oltre a quelli già elencati in precedenza), che la banca americana non offriva.

Vi furono però alcune banche americane nelle metropoli più grandi con uffici speciali per gli stranieri, le quali ebbero una discreta clientela fra gli immigrati, ma ricavarono solamente una piccolissima percentuale degli affari totali dei banchisti italiani. Si calcola che, nel 1912, gli italiani mandassero in patria da 300 a 400 milioni di lire l'anno, che per quei tempi era una cifra enorme, una percentuale altissima della quale, era appunto manipolata e gestita dai banchisti.[66]

Come abbiamo rilevato in precedenza, una gran parte di immigrati restava alcuni mesi o anni per poi ritornare in Italia con del capitale per acquistare un pezzo di terra o avviare una attività; quindi anche la vendita e la gestione dei biglietti di navigazione si prestò a molti abusi. Spesso il banchista tratteneva per qualche

---

[65] Cfr. L. Villari, *op.cit.*, p. 248.
[66] Ivi, p.249.

tempo il denaro pagatogli da un immigrato che desiderava farsi raggiungere da un parente; la società di navigazione in Italia non era obbligata a consegnare il biglietto al parente stesso, finchè non aveva via libera dalla sua agenzia negli Stati Uniti. Se il passeggero, come in qualche caso accadeva, rinunciava al viaggio o era respinto all'imbarco (cosa ancora più probabile), il banchista cercava di trattenere indebitamente dai due agli otto dollari sulla somma da restituire all'immigrato. Inoltre cercava sempre di far viaggiare i suoi clienti su piroscafi vecchi e sgangherati, speculando sul prezzo effettivo del biglietto.

Il banchista-agente di navigazione tentava sempre di indurre i propri clienti a far emigrare altri parenti e amici, sia per vendere biglietti prepagati che per avere nuovi clienti.

Non a caso, molto spesso era lui che scriveva la lettera firmata dall'immigrato, piena di entusiasmo per la vita negli Stati Uniti, mentre il suo collega in Italia operava attiva propaganda per indurre i suoi conoscenti a partire. Non di rado infatti il banchista anticipava all'immigrato nullatenente i biglietti per i suoi parenti, per chiedere poi in seguito un alto interesse quando si fossero ricongiunti.

Un'altra fonte di notevole guadagno per il banchista fu l'atto notarile.

L' immigrato italiano, abituato nel suo paese a trovare, generalmente, nel notaio, una persona colta e responsabile, si affidava facilmente al notaio italoamericano per ogni necessità legale e burocratica. Il notaio banchista, spesso ignorante in materia legale specifica, non distingueva tra procura generale e procura speciale, né tra atto di compra-vendita o atto di donazione, creando così problemi ed incomprensioni incredibili.

Oltre a ciò, si facevano fare agli immigrati innumerevoli atti notarili inutili, come gli atti di espatrio che erano necessari solo per le persone al di sotto di 16 anni o al di sopra di 45 e per le donne sposate viaggianti senza il coniuge, e si facevano pagare tasse per le legalizzazioni che spesso erano rese gratuite dai Consolati.

Anche nel campo del collocamento al lavoro, il banchista ebbe modo di guadagnare sull'immigrato. A New York, e in altre grandi città, vi furono delle vere e proprie agenzie di collocamento indipendenti dai banchisti, alcune delle quali sotto autorità governativa, ma in generale l'ufficio di collocamento era presso il banchista. Questi chiamava a raccolta i suoi clienti ed offriva loro un dato impiego a date condizioni. Se accettavano li faceva accompagnare da un suo impiegato e arrivati a destinazione, gli immigrati trovavano un altro rappresentante che li conduceva alle baracche e faceva da interprete. Per questo tipo di collocamento, il banchista era compensato con la *bossatura*, che variava nel 1910 dai due ai cinque dollari. Siccome questa somma si ripagava ogni volta che l'operaio cambiava lavoro, il banchista aveva interesse a far licenziare una squadra per collocarla presso un altro impiego, magari presso la stessa impresa, e di fare lo stesso con la squadra occupata in questo secondo lavoro, in modo da prendersi così due bossature.

Quando un banchista falliva, e i fallimenti erano frequentissimi, era raro che i creditori recuperassero anche una modesta percentuale delle loro perdite, ed era altresì improbabile far punire il banchista italiano fallito fraudolentemente. In primo luogo era assai difficile trovare dei creditori defraudati disposti a testimoniare, sia per la loro naturale diffidenza verso le autorità che per l'enorme durata dei processi. Il fallito inoltre era generalmente assistito da avvocati influenti, che si attaccavano a mille cavilli per salvarlo, e spesso ci riuscivano.

Da una statistica ufficiale risultò che dal 1 settembre 1907 al 31 agosto 1908 fallirono 25 banchisti solo nella città di New York (di cui 20 italiani), con un passivo complessivo di 1.459.295 dollari ed un attivo nominale di 295.331 dollari, ma che in realtà si riduceva a quasi nulla; di questi, tre soli finirono in carcere. [67]

Questi esempi dimostrano come l'immigrato si dovette confrontare continuamente con difficoltà enormi, specie se solo.

Le truffe, i raggiri, l'instabilità economica, il rischio di perdere il lavoro e di infortuni, l'ostilità e i pregiudizi della popolazione indigena, furono tutti fattori che innescarono un meccanismo che portò sempre di più all'associazione, all'unione, alla cooperazione degli immigrati al fine di proteggersi ed aiutarsi reciprocamente e di migliorare le proprie condizioni di vita.

---

[67] L. Villari, op.cit, p. 57.

3.3 Il bordo

Tra gli italiani d'America sorsero alcune istituzioni caratteristiche che differirono dalle rispettive forme italiane e da quelle di altre nazionalità presenti negli Stati Uniti. Furono il prodotto di un'etnia latina e mediterranea messa a contatto con le condizioni di vita americane. Una di queste istituzioni associative tipicamente coloniali fu il *bordo*.

Un notevole numero di immigrati scapoli, o che avevano lasciato la famiglia in Italia, andavano ad abitare negli Stati Uniti presso altri immigrati con famiglia. La convenienza era reciproca, perchè in questo modo gli immigrati soli avevano un posto economico, sicuro e "familiare" dove alloggiare, mentre la famiglia immigrata aveva un ulteriore reddito e la sicurezza di buoni rapporti con l'ospite, essendo egli, nella maggior parte dei casi, originario della stessa provincia o regione. Nacque così il *bordo* (dall' espressione americana *to board*, stare a pensione). L'operaio immigrato con famiglia affittava una palazzina con diverse stanze, subaffittandone alcune ai *bordanti*. Nelle palazzine migliori ce ne erano da quattro a sei, in quelle peggiori e più economiche, da dieci a venti; non di rado qualche bordante dormiva nella stessa camera con tutta la famiglia, comprese le figlie giovani. Il padrone di casa dava l'alloggio, mentre sua moglie lavava, stirava i vestiti e cucinava i pasti con le vivande comperate dagli alloggiati.

 I bordanti, come notarono molti attenti osservatori dell'epoca, furono una grandissima risorsa economica per l'immigrazione, ma furono in qualche modo uno dei coefficienti principali della congestione, della sporcizia, della degenerazione domestica della famiglia emigrata, rappresentando una minaccia continua all'integrità della famiglia stessa soprattutto per la promiscuità in cui vivevano le famiglie del padrone di casa e gli alloggiati.

CAPITOLO IV

Le forme dell'associazionismo
italoamericano

Sebbene i primi immigrati gradissero il supporto di sensibili funzionari governativi e di alcuni filantropi, essi sapevano bene che il far da sè era preferibile per operazioni di carità e cooperazione; così i problemi incalzanti delle prime comunità italiane in varie città, da un capo all'altro degli Stati Uniti, furono soddisfatti da leaders italiani che fondarono associazioni di mutuo soccorso per offrire assistenza finanziaria, medica e scolastica ai loro compatrioti meno fortunati.

L'immigrato si accorse subito che l'unità familiare talvolta non era capace di occuparsi efficacemente della maggior parte dei problemi di una realtà urbana e metropolitana come quella degli Stati Uniti. Furono quindi in qualche modo costretti a cooperare con altri immigrati e gruppi familiari per sopravvivere. Questo tipo di coscienza comunitaria, che si sviluppò attraverso varie forme di cooperazione, non si presentò con l'arrivo delle grandi ondate migratorie, ma si sviluppò nel Nuovo Mondo soprattutto in reazione e corrispondenza con l'ambiente americano.

Quegli italiani che in patria non avevano quasi mai considerato la possibilità di cooperare o solo di socializzare con connazionali di altre città si trovarono negli Stati Uniti a confrontarsi con enormi difficoltà di ambientazione. Di conseguenza modificarono istituzioni a loro familiari (come la chiesa), ne organizzarono alcune che a malapena conoscevano (le società di mutuo soccorso), si riunirono intorno a giornali di lingua e cultura italiana, e fondarono agenzie che non esistevano in Italia (le banche di immigrazione). Così, mentre alcune istituzioni avevano la loro controparte nel Vecchio Mondo, l'emigrante venne in contatto con alcune di esse per la prima volta in America, o le mutò in nuove forme.

Molti americani hanno sempre erroneamente creduto che i quartieri e le istituzioni degli immigrati riproducessero esattamente le condizioni ambientali della terra d'origine, e preservassero una vita isolata di gruppo. Quindi per mezzo di chiese e scuole, ma soprattutto di organizzazioni nazionali, sociali, culturali e fraterne, gli immigrati avrebbero mantenuto la lingua, i costumi, gli ideali e in una certa misura le abitudini di vita della terra natia. In realtà lo stanziamento rappresentò un' importante uscita dai vecchi sistemi di vita. Siccome la città e la vita urbana ostacolarono l'isolamento, nella comunità le istituzioni create non furono interamente di stile italiano, ma nemmeno tipicamente americane. Esse furono necessarie e utilissime alla prima generazione di immigrati, che, essendo carica di tutte le vecchie abitudini e tradizioni del paese d'origine venne in contatto, talvolta violentemente, con quelle del nuovo ambiente.

Le istituzioni comunitarie di tutti i nuovi gruppi di immigrati negli Stati Uniti si assomigliarono di più tra di loro e in qualche modo rimandarono alle rispettive istituzioni americane, che non alle organizzazioni del paese d'origine. Società di mutuo soccorso e di fratellanza sociale, ad esempio, esistevano tra polacchi, ucraini, lituani ed ebrei.

Il sociologo Robert E. Park notò che l'immigrato contadino o manovale abbandonava e metteva da parte gradualmente le vecchie abitudini che aveva in patria, e ne acquisiva di nuove.[68] Dunque negli Stati Uniti l'immigrato si organizzò, e l'associazionismo divenne la personificazione dei suoi bisogni e delle sue idee.

Entro la comunità si svilupparono tre principali organizzazioni che fornirono guida ed assistenza ai membri della stessa: le società di mutuo soccorso e a carattere caritatevole in genere, le associazioni giornalistiche italoamericane, e la chiesa. I soci e i membri di ciascuna istituzione erano certi che il loro contributo sarebbe stato importante e vitale per la sopravvivenza dell'intero gruppo etnico. E così fu in effetti.

---

[68] R.E. Park, "Foreign Language Press and Social Progress,", *Proceedings of the National Conference of Social Work,*1920, p.494.

4.2 La vita associativa coloniale

4.2 La vita associativa coloniale

Gli Stati Uniti d'America furono, e sono tuttora, il paese dove lo spirito d'associazione assurse a vero elemento necessario della vita nazionale. Le società e le federazioni fiorirono e si svilupparono prodigiosamente. Non ci fu etnia che non ebbe la sua cosiddetta "Alleanza", "Società o "Ordine", tutte organizzazioni che esercitarono una potente influenza sulla vita del paese. Queste associazioni ebbero quasi sempre un duplice scopo: quello economico del mutuo soccorso, e l'altro civicopolitico di proteggere gli interessi della propria nazionalità in America, agevolando ai propri gregari il processo di penetrazione ed assimilazione nella vita sociale e politica del paese. Le grandi federazioni tedesche ed ebraiche, per esempio, forti nel numero e potenti per compattezza, furono non solo rispettate, ma anche temute, soprattutto prima della prima guerra mondiale, riuscendo spesso ad imporsi nella formulazione dei programmi elettorali dei grandi partiti politici, facendo approvare o modificare delle leggi, o esercitando in svariati modi la loro influenza.

 Diverso fu il caso delle associazioni italoamericane, che, essendo quasi sempre fondate su base regionalistica e campanilistica, alcune cresciute e sviluppatesi con fini personali, o per il soddisfacimento di singole ambizioni, spesso anzichè cementare l'elemento nazionale in una solida e proficua unione, servirono, tranne rare eccezioni, a disgregare e a dividere.[69]

 Numerosissime altre organizzazioni si formarono ed esistettero allo scopo di servire i bisogni sociali e ricreativi.

L'importanza che ebbero tali associazioni può essere sicuramente paragonata a quella che ebbero le società fraterne ed assistenziali. Associazioni culturali, letterarie, musicali, sportive, ricreative e di intrattenimento si sparsero a macchia d'olio attraverso tutti gli Stati Uniti. Possiamo a tal proposito ricordare ad esempio la società Dante Alighieri, la Lega Navale Italiana, il Circolo Italoamericano, la Fondazione Leonardo (già Istituto per la propaganda della cultura italiana), la Compagnia italiana di boy scouts e la Croce Rossa a Denver.

---

[69] Cfr. B. Aquilano, *L' Ordine Figli d'Italia in America,* New York, Società Tipografica Italiana, 1925, p.26.

La situazione di Denver è abbastanza significativa e mostra come l'associazionismo italoamericano fu impressionante anche in una città di frontiera e con una popolazione italiana che, nel censimento del 1920, ammontava a 2.871 immigrati (dal calcolo sono però esclusi i nati in America da genitori italiani altrimenti il numero salirebbe a 10.000). Le società negli anni '20 a Denver erano una quindicina, le più numerose delle quali non superavano i duecento soci ognuna. Sempre in quegli stessi anni a Denver, tutte le società di mutuo soccorso e le altre associazioni, su proposta della Lega Italiana, furono riunite nella *"Casa degli Italiani"*, costituendo così il centro della colonia. Questa "Casa degli Italiani", secondo le intenzioni del Dr. Giovanni Perilli, uno dei più eminenti italoamericani di quegli anni, doveva essere il cuore ed il cervello della colonia in modo da poter riunire in essa le associazioni di beneficenza, di mutuo soccorso, un ufficio d'informazione e di collocamento, locali per scuole serali d'italiano e d'inglese, una biblioteca circolante ecc., essere insomma l'espressione dell'unità, della concordia e della forza degli italiani a Denver. [70]

Al fine di comprendere meglio le varie forme dell' associazionismo italoamericano, possiamo illustrare l'attività dell' *"Alpine Gun Club"* di Chicago, formato nel 1892 con scopi sociali, educativi e di intrattenimento. La principale funzione di questo gruppo consisteva nell'organizzare battute di caccia sui laghi dell'Indiana e dell'Illinois.

Nel 1921 il club si fuse con *"La legione dei Trampi"*, un club di più vecchia tradizione, ed organizzò una festa mascherata annuale il Martedì grasso alla quale anno dopo anno prese parte un grande

---

[70] G.Perilli, *Colorado and the Italians in Colorado,* Denver, 1922, p.43.

segmento della popolazione della città, e divenne presto uno dei maggiori eventi sociali per la comunità.[71]

Altre numerose associazioni, tra le quali possiamo ricordare il club *"Maria Adelaide"*, *"the Italian Pleasure Club"*, e *"la Nuova Lega dei Trampi"* (formata nel 1902), si occuparono di funzioni ricreative e sociali. Altre organizzazioni derivarono da scopi militari, politici, religiosi e antireligiosi. Le organizzazioni militari a Chicago, per esempio, includevano i *"Bersaglieri di Savoia "*, i *" Bersaglieri e Carabinieri "*, i *"Reali Carabinieri "* e i *"Marinai"*; le prime due erano anche società di mutuo soccorso. Queste associazioni celebravano le festività italiane, come il 20 settembre (il giorno in cui, nel 1870, Roma divenne la capitale d'Italia), e marciavano orgogliosamente insieme agli americani nella ricorrenza del Memorial Day.

I moltissimi club politici in città includevano il *"Lincoln Italian Republican Workers Club*, il *"Mc Kinley Italian Club*, l' *"Italian Political Club and Benevolent Society"*, *"Aetna Republican Club"*, *"Italian Progressive Democratic League of Cook County"*, e l' *"Italian Progressive Republican Club of the Nineteenth Ward."* [72]

Nel 1907 fu fondata, da elementi anticlericali, con l'apporto di socialisti, liberali e nazionalisti, la *"Giordano Bruno Anti-Clerical Society"*. L'organizzazione restò in vita per circa un anno per poi scomparire fino al maggio 1913 quando ricomparve per breve tempo. Secondo un articolo della "Tribuna Italiana Transatlantica" del 28 dicembre 1907, la *Bruno Society* fu creata per combattere la superstizione religiosa e l'oppressione

---

[71] H.S. Nelli, *Italians in Chicago 1880-1930,* Oxford University Press, New York,1970, p. 285.
[72] Ivi, p.286.

sacerdotale. Il 10 maggio 1913, "La parola dei Socialisti" dichiarò che il primo scopo dell'organizzazione consisteva nel diffondere un incessante anticlericalismo, allo scopo di liberare l'immigrato italiano da tutta una serie di superstizioni e di ignoranza. L' organizzazione fallì nel suo scopo a causa di dispute e lotte interne.

4.3 La stampa italoamericana

Secondo il giornalista italoamericano Luigi Carnovale, che scrisse per la "Tribuna Italiana Transatlantica" a Chicago, e per "la Gazzetta Illustrata" a St. Louis, la stampa italoamericana e le associazioni giornalistiche furono le principali istituzioni che seppero procurare all'immigrato un'ampia possibilità di conoscenza e di inserimento nel nuovo ambiente.[73] Nella stampa italoamericana, in breve, l'immigrato italiano ha sempre trovato tutto l'indispensabile (il consiglio giusto, l'assistenza morale e

---

[73] L. Carnovale, *Il giornalismo degli emigrati italiani nel Nord America*, Chicago,1908, p.34.

materiale) per avere successo negli Stati Uniti. Si pensi solo che tra il 1886 e il 1921, solo a Chicago, furono fondati come minimo venti quotidiani italiani.

Il maggiore e più importante quotidiano italoamericano, almeno fino all' inizio del novecento, fu "L' Italia". Fondato da Oscar Durante e Carlo Gentile a Chicago nel 1886, già durante il suo primo anno di esistenza, registrava lettori in ogni parte degli Stati Uniti, e aveva al suo interno annunci e notizie provenienti anche da comunità del Middle West, dall' area delle Rocky Mountains, e dalla East Coast. Nel 1888, Durante annunciò che "L'Italia" aveva raggiunto lo status del più popolare e rispettabile quotidiano italiano. La sua ascesa continuò negli anni seguenti fino a diventare, nel 1892, il quotidiano italoamericano più venduto con una tiratura di 17.500 copie al giorno.

Il suo più grande rivale, in questi primi anni, fu "Il Progresso italoamericano" di New York che nello stesso anno registrava 7.500 abbonati. Questa grande diffusione dell' "Italia" durò fino al 1901, quando la comunità di New York raggiunse un numero di abitanti tale che anche "il Progresso italoamericano" divenne il più importante e venduto quotidiano tra gli italiani d'America.

Nel 1915, ad esempio, quando la diffusione dell'Italia raggiunse le 30.000 copie, il "Progresso" arrivò a 82.000. Oltre questi due importantissimi quotidiani, tra il 1880 e il 1925, centinaia e centinaia di pubblicazioni di ogni tipo in lingua italiana fecero la loro comparsa sul suolo americano.

Tavola 2. Quotidiani italiani pubblicati negli Stati Uniti 1884-1920

1884 - 7	1893 - 7	1902 - 39	1911 - 73
1885 - 6	1894 - 8	1903 - 42	1912 - 77
1886 - 5	1895 - 17	1904 - 46	1913 - 84
1887 - 7	1896 - 24	1905 - 57	1914 - 86
1888 - 9	1897 - 29	1906 - 63	1915 - 96
1889 - 12	1898 - 29	1907 - 71	1916 - 93
1890 - 11	1899 - 36	1908 - 76	1917 - 103
1891 - 13	1900 - 35	1909 - 75	1918 - 110
1892 - 14	1901 - 36	1910 - 73	1919 - 103
			1920 - 98

Robert. E. Park, *The Immigrant Press and its Control* (New York ,1922), p. 318

La stampa italoamericana ebbe un'importanza immensa su tutti i fronti, ma soprattutto nel campo delle relazioni sociali tra connazionali trovò una sua dimensione specifica. Servì da guida, da coordinatrice, da intermediaria tra le masse di immigrati e le nuove istituzioni. Promosse con grande trasporto l'orgoglio nazionale italiano. Insomma divenne un anello di congiunzione tra la vita sociale tipica del paese italiano e quella nuova nelle città e metropoli statunitensi. La stampa italoamericana, giocò, quindi, un ruolo essenziale nell'esistenza delle istituzioni comunitarie.

Nella maggior parte dei casi, le società trovarono difficoltà nel far quadrare il bilancio, particolarmente quando inclusero nelle loro attività numerosi nuovi servizi. Nelle comunicazioni con i membri, che con il tempo si fecero sempre più frequenti, le società si rivolsero ai giornali italiani, che diventarono così un utilissimo mezzo di divulgazione, informazione e corrispondenza.

I quotidiani italiani si pubblicavano in sei od otto facciate; spesso, specie la Domenica, in sedici o anche più; avevano quasi ogni giorno, secondo l'uso locale, moltissime illustrazioni. La tiratura variava da poche centinaia a parecchie migliaia di copie, con una media calcolata sui maggiori e più importanti quotidiani, di 15.000 esemplari. I prezzi di abbonamento annuo, nei primi anni del Novecento, andavano da un massimo di 8 e un minimo di 4 dollari.[74] Ogni copia costava da 1 a 3 soldi.

Oltre alla propaganda evangelica, socialista, e talvolta anarchica, i giornali italiani presero sempre maggiormente posizione nella politica locale, democratica o repubblicana. Non mancarono le pubblicazioni di tendenza puramente critica e letteraria, riviste scientifiche, e fogli umoristici. Le notizie provenienti dall'Italia furono sufficienti, anche se talvolta non approfondite, incomplete e spesso mediate. Mancarono infatti corrispondenti diretti dall'Italia, come d'altronde fu ben nota la mancanza di corrispondenze continuate e compiute dalle comunità italoamericane alla madrepatria. Naturalmente, il maggior numero di periodici si pubblicò negli stati e nelle città a più densa popolazione italiana.

I quotidiani italiani riportavano articoli riguardo la fondazione di società di assistenza, e notizie delle loro elezioni ed operazioni, oltre alla comunicazione dello svolgimento di feste, banchetti, celebrazioni ed altri eventi sociali. In aggiunta, i giornali pubblicizzavano la lotta delle società contro le leggi anti-immigrazione e la loro campagna di sensibilizzazione contro il crimine. Le società e la stampa si univano insieme ogni anno per

---

[74] G. Pozzetta, "The Immigrant Press of New York City: The Early Years, 1880-1915", *Journal of Ethnic Studies,* I, 1973, pp.32-46.

celebrare non solo il 20 settembre, ma anche gli anniversari di battaglie della guerra d'indipendenza, i compleanni di eroi come Garibaldi e Mazzini e quelli della famiglia reale.

Un altro progetto comune, delle società e della stampa, fu l'edificazione di monumenti e statue commemorative dei più famosi personaggi italiani. Così i *tabloids* italiani diedero inizio e supportarono campagne di raccolta di fondi per la commemorazione di Colombo, Dante, Verdi, Garibaldi, Mazzini e molti altri. La stampa e le società non limitarono le loro attività alla celebrazione di feste e ricorrenze, ed alla commemorazione e all'edificazione di monumenti a personaggi italiani famosi. Tutti i quotidiani di Chicago, ad esempio, attuarono sottoscrizioni volontarie per gli immigrati più bisognosi, sia che vivessero in America o che fossero rimasti in patria.

Nei primi anni del ventesimo secolo, in Italia si verificarono diverse catastrofi naturali (terremoti in primo luogo) che provocarono in America cordoglio e commozione, ma anche sottoscrizioni e un generoso supporto finanziario da parte delle società, e della stampa italoamericana.

I periodici, con accurate campagne di sensibilizzazione, cercarono di responsabilizzare sempre più gli immigrati nel caso che la madrepatria si fosse trovata in grave difficoltà, economica o politica. I nomi dei contribuenti, e le rispettive somme, apparivano costantemente nelle pagine dei quotidiani.

Sebbene gli individui, nella maggior parte dei casi, offrivano piccole somme, le società cercarono di superarsi nelle donazioni, alcune delle quali raggiunsero notevoli contributi. Dopo il terremoto di San Francisco, l'Unione Siciliana raccolse in una singola riunione nel maggio 1906, la somma di $200 per sostenere le vittime italiane della catastrofe. Le società e la stampa italoamericane devolvettero anche grandi sforzi, disponibilità economiche e tempo per aiutare singoli compatrioti nella difficoltà, finanziaria o legale, e in ugual misura difesero il buon nome dell'Italia e degli italiani in ogni parte degli Stati Uniti.

4.4 La "Mutual Aid Society"

Moltissimi immigrati, appena arrivati, cercarono di risolvere i problemi più gravosi, affidandosi ad associazioni di assistenza in loco (principalmente società di mutuo soccorso). Si trattava però non di associazioni originali trapiantate negli Stati Uniti. Nel sud dell'Italia, dove i forti legami familiari assicuravano un aiuto sicuro nel momento del bisogno, la vita associativa era strutturata in attività ricreative e circoli sociali, la maggioranza dei quali aveva un tesseramento limitato ed una quasi irrilevante importanza comunitaria.

Un evento importantissimo e fondamentale per la vita delle comunità italiane negli Stati Uniti fu quindi, come già detto, l'istituzione delle società di mutuo soccorso (Mutual Aid Society).[75] Non si può concepire lo sviluppo e la crescita di una colonia italiana, di uno stanziamento, di una Little Italy, senza la

---

[75] Le informazioni sulle Associazioni di Mutuo Soccorso sono state ricavate principalmente da : L. Tomasi (ed.), *The Italian in America: The Progressive View, 1891-1914*, New York, Center for Migration Studies, 1972, pp 98-109, da H. S. Nelli, *Italians in Chicago 1880-1930,* New York, Oxford University Press, 1970, pp.171-185, e Dino Cinel, *From Italy to San Francisco*, Stanford,California, 1982 pp.153-168.

società di mutuo soccorso. Esse pullularono e si svilupparono incredibilmente, e anche nelle più piccole comunità e negli angoli più remoti degli Stati Uniti se ne incontrò sempre almeno una.

Le società di mutuo soccorso furono istituzioni che mirarono ad aiutare finanziariamente i propri membri, specialmente in caso di difficoltà, e furono modellate su quelle americane. Ebbero regolamenti approvati e garantiti dalle leggi dello stato federale.

Secondo le affermazioni di Baldo Aquilano, le società di mutuo soccorso nacquero e si moltiplicarono "grazie a quel sentimento naturale che rende l'uomo associativo ed al desiderio, ravvivato dalla nostalgia, di trovare un volto amico, di parlare la nostra lingua e rendere meno amara e monotona la vita d'esilio insieme col sentimento di previdenza." [76]

La previdenza si esplicò, nelle sue manifestazioni economico-sociali, principalmente nelle istituzioni di mutuo soccorso e fu all'apice del suo sviluppo proprio negli Stati Uniti. Data la grande moltitudine di queste organizzazioni, la qualità non fu affatto omogenea. Ce ne furono di ottime ed affermate, ma anche di pessime che, limitandosi a perseguire solo fini economici, furono travolte dalla lotta politica. Altre si svilupparono per scopi personali o per il soddisfacimento di singole ambizioni, basate perlopiù su di un regionalismo esasperato, ed anziché congiungere l'elemento nazionale in una solida e vantaggiosa unione servirono in molti casi a disgiungere e a separare.

Ogni individuo avente i requisiti necessari poteva farne parte. Per diventare socio occorreva fare regolare domanda, pagare una tassa d'ammissione e poi la retta mensile stabilita dallo statuto. Questi introiti formavano il fondo cassa della società, la quale era

---

[76] B. Aquilano, *op.cit*, p.18.

amministrata da un consiglio direttivo, i cui ufficiali prestavano il loro servizio gratuitamente. Gli immigrati (ma anche gli americani) facenti parte delle *Mutual Benefit Organizations* contribuivano mensilmente con piccole somme, normalmente da 25 a 60 centesimi, per avere la garanzia di essere soccorsi e curati in caso di malattia, e avere un funerale decente. In aggiunta, le società pretendevano che tutti i membri partecipassero alle cerimonie funebri, e, se questo non avveniva, esigevano il pagamento di una penale. In questo modo, l'organizzazione assicurava ad ogni socio un appropriato e frequentatissimo funerale, con il risultato che le cerimonie funebri si trasformarono in opportunità di raduno regolare per vecchi amici e conoscenti. I benefici erano pressappoco i seguenti: generalmente dopo sei mesi che si era entrati a far parte della società, in caso di malattia si percepiva un sussidio per la durata di 15 settimane e si aveva diritto alla visita medica gratuita durante tutto il periodo della malattia; in caso di decesso del socio la società versava una somma di denaro per coprire le spese funebri.

 In principio, le società animate da buoni propositi e guidate da retti principi furono veramente vitali per la sopravvivenza dei più bisognosi e degli operai più poveri che, in caso di malattia, non dovevano ricorrere alla pubblica carità. Ma con l'andare del tempo incominciarono a perdere la loro originale costituzione, fino ad assumere atteggiamenti e nomi diversi. Si fecero modificazioni ed aggiunte ai vecchi regolamenti. Si aumentarono o diminuirono le tasse ed i sussidi. Si eliminarono o si aggiunsero medici sociali per le visite gratuite anche a tutti i membri della famiglia del socio. Si stabilirono uniformi militari per parate pubbliche in feste religiose o civili ad arbitrio di chi ne era il promotore. Si istituirono, poi, società con usi e costumi dei paesi di origine e ci si trovò sempre più di fronte a una serie infinita di società sempre meno rispondenti allo scopo primo per cui furono istituite. Più che il bene comune, col passare degli anni, si ricercò l'utile personale o l'interesse privato.

4.5 Caratteri, particolarità e sviluppo delle società italiane di muto soccorso negli Stati Uniti

La *Mutual Aid Society* non era sconosciuta in Italia, ma era soprattutto espressione della cosiddetta classe media, più specificatamente degli artigiani e dei commercianti di quelle aree urbane del Nord e del centro del paese. Dal 1890 in poi, cominciò a fare la sua comparsa nel Sud, ma non in quelle zone da dove si staccarono i più grandi contingenti di emigrati.

Lo sviluppo delle società di mutuo soccorso, tra gli italiani negli Stati Uniti, ebbe quindi caratteristiche differenti dallo sviluppo che ebbero in patria. In Italia, infatti, queste associazioni erano strettamente connesse con la crescita dei sindacati. Furono, in sostanza, i naturali predecessori delle organizzazioni sindacali. Negli Stati Uniti, al contrario, questo tipo di società, dedicate a funzioni sociali ed assicurative, aiutavano i nuovi arrivati ad affrontare difficoltà quali malattie, solitudine o decesso, piuttosto che ad organizzarsi nel campo dei diritti lavorativi.

Negli anni che precedettero il New Deal, queste organizzazioni svolsero un ruolo importante, attenuando l'impatto degli immigrati in una terra sconosciuta. [77] Le società, avevano a

---

[77] Il New Deal introdusse una riforma della previdenza sociale, introducendo l'indennità di disoccupazione e di invalidità.

disposizione un medico che compiva le visite a loro spese, pagavano una cassa malattia e un'indennità in caso di morte. Alla veglia funebre per un socio deceduto si esponeva la bandiera e l'insegna della società.

Con il denaro versato da ciascun socio alla morte di un compagno, le società pagavano le spese dei funerali, compresa una banda italiana che eseguiva marce funebri e musiche tradizionali. Fornivano ausiliari e patrocinavano attività sociali quali banchetti e ricevimenti seguiti da balli e pic-nic. Una delle ragioni dell'identificazione regionale di queste società era che l'appartenenza ad esse e la fruizione dei loro servizi erano trasferibili: per esempio dalla Società Amasenense di Chicago Heights ad Amaseno in provincia di Frosinone, qualora la vedova abitasse ancora nel paese, o il beneficiario tornasse a vivere in Italia.

I primi italiani che si stabilirono nelle città della East Coast, formarono subito delle società. La prima in ordine cronologico fu la *Società di Unione e Benevolenza Italiana*, istituita nel 1825 a New York City. Lo scopo di questa primissima società fu quello di fornire aiuto al povero, all'ammalato e al bisognoso abitante della comunità, e di tener vivo il sentimento nazionale. Con lo stesso scopo si formarono poi altre società a San Francisco, Boston, Philadelphia ed altre grandi città, nelle decadi del 1850 e del 1860, ma fu durante il periodo del grande esodo migratorio italiano che questo tipo di organizzazioni proliferarono incredibilmente. Sebbene le società dell'era pre-1870 contenessero membri provenienti da varie parti d'Italia, quelle che furono formate durante il periodo dell'emigrazione di massa erano strutturate generalmente su base regionalistica. Ci fu una diffusione impressionante, e le società si divisero, come tanti rami, in una moltitudine che abbracciava ogni comunità italiana dalle più grandi alle più piccole e remote. Alla fine del 1800 le comunità italiane a Manhattan finanziavano più di 150 società di mutuo soccorso. Solo nella cittadina di Springfield Massachussets, che nel 1910 aveva una popolazione italiana di 2.915 individui, esistevano ben dodici società.

Le società assistenziali negli Stati Uniti esistevano ben prima del periodo delle grandi migrazioni dal Sud e dall'Est dell'Europa. Dalla metà del diciannovesimo secolo, i metodi assistenzialistici incontrarono il favore sia dei lavoratori americani nativi che degli immigrati, come ad esempio la *Mechanics Mutual Aid Society*, fondata nel 1846, che stipulava contratti vantaggiosissimi e in forte concorrenza con le regolari compagnie assicurative.

Un problema abbastanza rilevante dei primi italiani che si stabilirono in America fu la mancanza di esperienza nel campo delle organizzazioni volontarie. Nell'Europa della Restaurazione, dopo il congresso di Vienna, molti governi vietarono il formarsi di organizzazioni volontarie. Tuttavia, alla fine degli anni quaranta del diciannovesimo secolo, in Germania e in Francia, erano sorte reti di società di mutuo soccorso e casse di risparmio. Ciò non si verificò in Italia, dove la libertà di associazione fu proibita fino all'unificazione del paese. La mancanza di esperienza di organizzazione in Italia si ripercosse sulla comunità immigrata di San Francisco (uno dei primissimi insediamenti italiani) quando gli immigrati italiani respinsero le offerte della Società Italiana di Mutua Beneficenza, da poco fondata. Secondo le parole del console: "C'è una sfiducia profonda per ogni forma di associazione tra gli italiani. Tutto ciò che è organizzato è automaticamente sospetto." [78] Ma, aggiungeva il console, per sopravvivere gli italiani dovevano necessariamente organizzarsi.

Furono anche gli immigrati francesi ad insegnare agli italiani i fondamenti dell'associazionismo, aiutandoli fattivamente a superare i problemi della mancanza di una leadership e di esperienza. A quanto pare, i francesi rivelarono agli italiani tanto i vantaggi e l'importanza delle società di mutuo soccorso, quanto il modo di organizzarle. Gli italiani furono invitati ad entrare nella "Societé Francaise de Sécour Mutuel" che forniva un aiuto finanziario in caso di malattia e interveniva per trasferire in Europa i risparmi degli immigrati. Gli interessi politici comuni cementavano la lealtà di entrambi i gruppi, che però si scontravano con la barriera della lingua.

La società italiana di mutua beneficenza di San Francisco fu organizzata, ad esempio, nel 1858. Questa associazione istituiva anche programmi educativi per i soci, ed aveva in servizio un medico per la cura della bisognosa comunità. La prima società italiana di San Francisco fu fondata principalmente per risolvere un problema sociale divenuto pressante dopo il 1855: quello degli italiani malati e in miseria che cercavano rifugio, protezione ed assistenza in città dopo un duro lavoro nelle miniere californiane.

Secondo il commerciante Nicola Larco, gli italiani non intendevano occuparsi dei loro parenti neppure quando erano malati e si verificarono molti casi di immigrati che si rifiutarono di assistere congiunti infermi.[79] Per risolvere il problema, Larco

---

[78] D. Cinel , *op.cit.*, p.155.

[79] Larco fu uno dei primi commercianti italiani attivi negli affari della prima colonia italiana in California. Scrisse numerose volte al governo italiano; i suoi promemoria si trovano negli archivi del Ministero degli Esteri a Roma insieme alla corrispondenza del console di San Francisco., Dino Cinel, *op.cit.* p. 160.

fondò appunto la società Italiana di Mutua Beneficenza nel 1858.
Furono pochi gli immigrati italiani che ne fecero parte; nel 1865
solo il 15% circa ne erano membri, quando la colonia contava già
un migliaio di persone. La società, con così pochi membri, non
poteva sopperire alle mancanze ad ai bisogni dei minatori, degli
operai e degli immigrati italiani in genere.

Il console italiano dovette rimpatriarne molti ricorrendo ai fondi
del governo e acquistando i biglietti con il denaro raccolto nella
comunità.[80]

Tuttavia, dieci anni dopo la sua fondazione, la Società Italiana
ebbe un repentino sviluppo; nel 1868 contava oltre mille soci e
progettava di costruire un ospedale italiano a San Francisco. Una
nota consolare del 1865 avanza una duplice spiegazione del
cambiamento. Primo, la società cominciò ad espandersi quando
cambiò l'obiettivo originale (probabilmente nel 1862) fornendo ai
soci un'assistenza medica gratuita e una sepoltura decente.
Secondo, la società si diede un orientamento più regionale e
campanilistico. La Società Italiana di Larco non riscosse successo
perchè aveva cercato di diventare un'organizzazione nazionale
aperta a tutti gli italiani, in un momento in cui gli immigrati non
avevano ancora un'identità nazionale comune. L'iscrizione quindi
fu limitata agli immigrati provenienti dalla Liguria. Questo
contribuì senz'altro ad attirare nuovi soci.

---

[80] Nel 1865 il console Cerruti richiese fondi al governo italiano per il rimpatrio di Daniele
Cochi, giunto in California da Firenze nel 1849 all'età di dodici anni. Cochi aveva
guadagnato qualcosa nelle miniere, ma poi aveva perduto la vista. Finchè bastarono i suoi
risparmi, i suoi parenti a Sacramento si occuparono di lui. Il console concludeva: " è cieco e
malato. Gli amici di un tempo sono scomparsi e la Società Italiana di Mutua Beneficenza
non ha i fondi necessari per aiutarlo." Luigi Bidoni, veneziano, fu un altro per il quale il
console chiese aiuto al governo italiano. Anche Bidoni aveva messo da parte dei soldi
avendo lavorato in miniera, ma , rimasto ferito nel corso di una rapina vicino a Sacramento,
spese tutti i suoi risparmi per le cure mediche. Non potendo provvedere a se stesso, andò dal
console, il quale chiese fondi a Roma, dichiarando sconsolatamente : "Ho già avviato troppe
collette tra gli italiani per rimpatriare gli ex minatori. Gli immigrati cominciano ad irritarsi
per le mie richieste." Dino Cinel, *op.cit*, p.161.

Scriveva sempre il console Cerruti: " Gli immigrati si trovano a loro agio solo con persone della propria regione e rifiutano di unirsi agli italiani di diversa provenienza. Gli immigrati liguri e toscani si considerano gente di paesi stranieri." In effetti Liguria e Toscana furono indipendenti fino alla fine del 1860, e gli immigrati che giunsero a San Francisco prima di allora si consideravano liguri, toscani o veneti, non italiani.[81]

Altre società fondate dagli italiani in California prima della fine dell'Ottocento continuarono a riflettere la forte realtà regionale degli immigrati. Molte raggruppavano gente proveniente dalla stessa regione, provincia o paese. Per esempio, gli immigrati della provincia di Lucca fondarono la Società di Mutuo Soccorso dei Cavalleggeri di Lucca nel 1874; i calabresi fondarono la Società dei Carabinieri Italiani nel 1890; i siciliani inaugurarono nello stesso momento la Società Meridionale; i piemontesi istituirono la Società Piemontese nel 1891.[82]

L'elenco delle società italiane a San Francisco, preparato sul finire del diciannovesimo secolo, sembrava un elenco di regioni, provincie e città italiane. Col passare del tempo, prima però della graduale fusione delle società di mutuo soccorso con società più grandi di assicurazione fraterna, la tendenza fu quella della frantumazione dei gruppi regionali in una moltitudine di piccole organizzazioni.

In alcuni casi la formazione di nuove società fu il risultato di scontri all'interno delle società già esistenti. Ad esempio, quando nel 1868 un gruppo di genovesi non approvò il modo in cui la

---

[81] I documenti ufficiali degli Stati Italiani, che riportavano la destinazione degli emigranti, riflettono tale divisione del paese. Per esempio, l' emigrazione dalla Toscana e dalla Liguria figura come emigrazione internazionale. *Ivi*, p.162.
[82] Bollettino Ministero Affari Esteri, 1898, pp.244 sg., cit. in D. Cinel, *op.cit.*, p.162.

Società di Mutua Beneficenza aveva gestito la costruzione dell'ospedale italiano, decise di uscire dall'organizzazione per costituire la Compagnia Garibaldina, una società di mutuo soccorso che diventò successivamente la più ricca di San Francisco. Nel 1890 contava 600 soci, aveva un capitale valutato in oltre 50.000 dollari e il bilancio annuale delle sue operazioni era di 20.000 dollari.[83]

In altri casi, i gruppi con interessi economici comuni formavano nuove società. Così nel 1879 gli spazzini provenienti dalla provincia di Genova fondarono la Compagnia Carreggiatori. Nel 1872 i fruttivendoli e ortolani, anch'essi in prevalenza genovesi, ma tra loro anche qualche lombardo, fondarono la Società dei Pescatori.

Gli statuti delle società non discriminavano sulla base della provenienza, ma la pratica di esigere da ogni richiedente di farsi presentare da due soci ne manteneva il carattere regionale.

A San Francisco, solamente alla fine della decade del 1880 gli immigrati fondarono società aperte a tutti gli italiani a prescindere dall'origine regionale. Alcune di queste furono a carattere massonico come la Loggia Mazzini (1890), la Loggia Volta (1892), e la Loggia Aurora (1897). Altre furono istituite da veterani dell'esercito italiano, come i Veterani e Reduci dell'Esercito (1887) e la Società Indipendente di Mutua Beneficenza (1893).

Tuttavia la costituzione di tutte queste piccole organizzazioni non significò mai il pieno abbandono del carattere regionale. Di fatto queste piccole società contavano pochi soci. Ad eccezione della Loggia Galileo che contava circa 250 membri, tutte le altre

---

[83] Bollettino del Ministero degli Affari esteri, 1898, p.344

ne avevano, nel 1897, meno di cento: i Veterani e Reduci dell'
Esercito 50, la Indipendente 61, la Loggia Aurora 59 e la Loggia
Mazzini 60.

Come abbiamo più volte rimarcato, le società di mutuo soccorso
fornivano assistenza medica gratuita, indennità di disoccupazione
e sepoltura; ma non solo, esse divennero soprattutto il fulcro della
vita sociale degli immigrati, creando fin dal principio centri
ricreativi. Poichè gli immigrati erano per lo più uomini soli o
sposati, arrivati però senza la famiglia, necessitavano, nelle poche
ore non lavorative, di svago e di intrattenimento. Le società più
grandi e ricche investirono così, nei propri centri, forti somme di
denaro.

Altra funzione delle società era quella di organizzare le attività
sociali della comunità. Molte organizzazioni ostentavano
uniformi dell'esercito italiano e addestravano i loro membri nelle
arti militari. I membri della Compagnia Garibaldina sfilavano
indossando la camicia rossa, mentre le esercitazioni della
Compagnia dei Bersaglieri attiravano una gran folla anche perchè
i suoi membri indossavano una uniforme che gli immigrati
associavano ad un eroe popolare dell'indipendenza italiana,
Luciano Lamarmora.

Le società divennero anche agenzie di collocamento informali.
Gli immigrati già affermati, proprietari di una qualche attività
indipendente, o gli agricoltori che avevano bisogno di braccianti,
aiutavano i nuovi arrivati a trovare lavoro, ma era soprattutto la
società che li metteva in contatto con loro. " Non appena arrivano
nuovi immigrati ", scriveva sempre il console italiano a San
Francisco nel 1879, "essi entrano in una società regionale e di
solito ottengono grazie ad essa il loro primo lavoro".[84] In sintesi, i

nuovi immigrati erano spinti fin dal loro arrivo, a diventare membri delle società perchè questo era il modo migliore per trovare un lavoro.

Le società incoraggiavano anche l'alfabetizzazione e lo studio. Gli statuti di molte società prevedevano corsi di studio per i membri analfabeti, e in sporadici casi addirittura l'espulsione di quelli che non mandavano i figli a scuola.[85] Le società più grandi e ricche, provvedevano a corsi serali di inglese per adulti, e a corsi di italiano dopo la scuola per i figli degli immigrati.

Quantunque le società di mutuo soccorso traessero profitto da uno spiccato carattere regionale, gli sforzi si diressero, con il passare degli anni e con una sempre maggiore integrazione degli italoamericani nella società, verso un superamento dello stesso.

Nei suoi statuti, la Compagnia Garibaldina di San Francisco proclamava solennemente di consacrarsi all'unione e all'amicizia di tutta la classe operaia italiana, al fine di unire in un'unica famiglia tutti i lavoratori. Anche in Italia all'inizio del novecento le società lanciavano proclami simili. Per esempio, a Porcari in provincia di Lucca, la locale società di mutuo soccorso dichiarava che l'unità delle classi lavoratrici doveva superare le barriere di razza e credo, una posizione decisamente avanzata per quei tempi. Comunque generalmente le società non dimostrarono grande capacità di conseguire gli obiettivi prefissati, specialmente quando si rendeva necessaria la cooperazione di tutti i gruppi di immigrati di diversa provenienza e veniva meno il carattere regionale e campanilistico.

---

[84] Cfr. D. Cinel, *op.cit.*, p.163.
[85] Si vedano a riguardo gli statuti della compagnia Garibaldina in *Società Italiana di Mutuo Soccorso della Compagnia Garibaldina*, San Francisco, 1868, p.9.

Nel 1857, i più importanti ed abbienti italoamericani di New York fondarono la *Society of Italian Union and Fraternity*, e scelsero come primo presidente l'esiliato politico Giuseppe Avezzana. Nel 1864, l'associazione riscosse abbastanza denaro da allestire una piccola libreria e dar origine ad una scuola serale per adulti. Per mezzo di insegnanti ed educatori italiani che offrivano gratuitamente il proprio tempo libero, la scuola dava istruzione in lingua inglese ed italiana a coloro a cui per le più svariate ragioni era stata negata. Nel 1865, la società estese il programma di servizi sociali, riscuotendo ulteriori fondi, sia per assistere finanziariamente vedove ed orfani di soldati italoamericani morti in combattimento durante la guerra civile, che per il miglioramento del livello culturale e sociale dei propri membri.

Nella decade 1870-1880, Secchi de Casali, giornalista affermato, studioso dell' esperienza italiana in America, e fondatore nel 1849 del primo giornale italiano di New York "L'Eco d'Italia", fece un dettagliato rapporto delle campagne per la raccolta di fondi della società e stilò l'elenco dei più importanti uomini d'affari italoamericani, che diedero il loro contributo finanziario all'educazione e al supporto dei connazionali più poveri. Nel 1881 la società pagava alle mogli dei membri deceduti 100 dollari per il rimborso spese del funerale e forniva ai membri stessi l' assistenza medica gratuita. Come la comunità italiana di New York City crebbe, altre due società di mutua assistenza come la *Ticinese*, e la *Bersaglieri*, furono fondate.

Nel 1919 la "Health Insurance Commission" dello stato dell'Illinois pubblicò i risultati di un' indagine sugli approvvigionamenti mutuali di società assistenziali straniere a

Chicago. Prese in esame 33 società italiane (su di un numero totale di più di 80 in città). Di queste, 28 assicuravano sostegno in caso di malattia o incidente, 25 offrivano risarcimenti in caso di decesso, 16 comprendevano pagamenti di spese funebri (bara, trasporto, fiori e pubblicazioni), 11 assicuravano sostegno sanitario, ma nessuna pagava le spese ospedaliere. Delle 28 società che sostenevano l' immigrato in caso di malattia, incidente o decesso, 22 richiedevano un periodo d'attesa di una settimana prima dell' inizio dei pagamenti, 5 di più di una settimana, e una non lo riportava. Il periodo d'assistenza di 22 società durava da 13 a 26 settimane, mentre per le altre 6 il periodo andava da 6 a 13. In termini economici l'assistenza variava da 5 a 10 dollari la settimana in 8 società, mentre le altre 20 offrivano 5 dollari o meno.[86]

Nel 1866 fu istituita la prima società di mutuo soccorso a Chicago da immigrati nord-italiani: la *"Unione e Fratellanza"*. Altre furono fondate nelle decadi 1870-1890 come conseguenza del grande affollamento di immigrati di origine meridionale in città. Tra le prime e più importanti possiamo ricordare la *"Umberto I Society"* (1881), la *"Corte Assunta No. 50"* (1886), la *"Re d'Italia"* (1887), e la *"Trinicaria Fratellanza Siciliana"* (1892).

Queste società, in generale, ebbero stretti legami di tipo religioso, e molte erano connesse direttamente con la chiesa parrocchiale. L'appartenenza alla chiesa, spesso era un requisito essenziale per entrare a far parte dell'associazione. Nei primi anni di stanziamento, le associazioni si formarono sulla base della provenienza comune, e spesso prendevano il nome del santo

---

[86] H.S. Nelli, *Italians in Chicago...*cit., p.174.

patrono della città o del paese d'origine (es: società di Santa
Nicosia, San Cristoforo di Ricigliano, San Vito di Rapone ecc...).

Nel 1919, solo a Chicago erano presenti più di 80 società di
mutuo soccorso senza contare le circa 28 società a carattere
fraterno e massonico ("L' Unione Siciliana" in primo luogo).[87]
Vincent E. Ferrara, che arrivò a Chicago nel 1901, ad esempio, si
unì all'Unione Siciliana nel 1914, e nove anni più tardi ne
divenne segretario generale. Ferrara affermò che durante la
decade 1910-1920 ci sarebbero state più di 160 associazioni
italiane solo nello stato dell'Illinois. Riusciamo così a
comprendere pienamente l'enorme importanza e le conseguenze
di tale situazione.

Nonostante la grande abbondanza di società ed associazioni, con
nuove realtà che nascevano solo per fare affari rapidamente, la
tendenza generale andò verso un sistema di affiliazione,
attraverso il quale le società più grandi ed affermate inglobavano
quelle più piccole, cercando col passare degli anni di superare in
qualche modo l'espressione regionalistica e campanilistica.
Investimenti sbagliati, e depositi in banche che poi fallirono,
giocarono una parte altrettanto importante nella graduale
scomparsa delle società di mutuo soccorso.

---

[87] *Ivi*, p.175.

4.6 Il problema dei prominenti

Tra le cause del decadimento morale ed economico delle società di mutuo soccorso, e di altre organizzazioni italoamericane in genere, possiamo senza dubbio individuare la figura del "prominente coloniale", che, per varie ragioni, diede inizio a lotte interne che furono quasi sempre causa di scissioni e fallimenti.

Il prominente era generalmente un individuo avente la ferma intenzione di emergere a tutti i costi nella comunità. Spesso era un commerciante o un artigiano che con un duro lavoro aveva saputo crearsi una discreta posizione economica. Quasi sempre sapeva leggere e scrivere sia in italiano che in inglese, si vestiva in modo sfarzoso, ostentando catene d'oro e cravatte di seta.

Spesso perdeva la coscienza della propria entità, abbagliato dal potere del dollaro e delle comodità, così tanto in contrasto con la realtà del paese natio. Presiedeva la società di mutuo soccorso, era il promotore di ogni iniziativa ricreativa o patriottica, ed aveva un grande potere decisionale. Per queste, e per altre ragioni, fu oggetto di molte critiche, e avversioni sia di natura politica che morale. Possiamo riportare ora, a tal proposito, un brano di Gioacchino Maffei, che, prendendo in esame proprio la figura del prominente, ne fa una descrizione molto critica:

"Di tutte le goffe manifestazioni coloniali è lui il promotore, perchè egli si crede assertore d'italianità, mentre tale non è. Si professa cattolico, mentre coi fatti dimostra il contrario. A sentirlo parlare egli è il Papa della colonia. Perciò s'arroga la nomea del difensore del debole. Minaccia catastrofe o promette protezione secondo i meriti o i demeriti dei coloni.[88]

Poi rincara ancora la dose deplorando e disapprovandone i modi comportamentali :

Ed eccolo là, col suo sigaro in bocca, che spesso è un " Denobile " - e ciò in omaggio alla sua ardente italianità, - col pollice della mano sinistra infilato al panciotto, per meglio far mostra del suo anello con diamante, sputar sentenze, gesticolando con la destra. Ben nutrito, meglio vestito, si dà l'aria di gran signore; ed appena appena risponde al saluto che l'umile colono, passando, gli rivolge. Ascolta con benigna compiacenza i reclami degl'illusi e discute con altera superiorità i progetti dei suoi aderenti, progetti di riforme sociali, che poi devono essere introdotti nella società di mutuo soccorso di cui egli è presidente.[89]

Il prominente spesso indossava un' uniforme militare, si dava un grado (maresciallo, generale), ed era solito sfilare in testa alle numerose parate e sfilate. La grande frammentazione dell'associazionismo italoamericano e delle società di mutuo

---

[88] G. Maffei, *op.cit.*, p.53.
[89] *Ivi*, p.53.

soccorso, in netto contrasto con quello di altri gruppi etnici, fu dovuta quindi alla grande ambizione e alla volontà ostentatrice di molti prominenti e membri più in vista che non sempre agirono per l'interesse di tutti gli appartenenti alla comunità.

Possiamo citare ancora un altro passo molto critico di Maffei al fine di capire meglio il dibattito, la critica, gli interessi in gioco, nelle società di mutuo soccorso :

I nostri italiani dovrebbero imitare gli emigrati di altre nazioni che, uniti e concordi, danno esempio di civiltà e di progresso. Per esempio, i francesi, gl'irlandesi, e magari i polacchi, i lituani, in ogni luogo, dove sono le loro colonie, hanno non più di una o due società, secondo il bisogno, e tutte coordinate fra di loro, facendo capo ad una sede centrale. Queste società hanno veramente a cuore le sorti dell'operaio connazionale. Non hanno uniformi militari, nè i loro direttori diventano marescialli o generali, come i nostri prominenti; hanno, invece, stamperie ed istituzioni di beneficenza, per la coltura intellettuale e morale e per il sollievo materiale degli affiliati. Non spendono i loro fondi in stolte parate, che spesso gettano il ridicolo sul nome di chi le fa; né intraprendono costruzioni di sale sociali, le cui spese dissanguano ma non aiutano colui che ne fa parte. Stabiliscono banche sociali di credito, assicurazioni sulla vita con rata minima, nell'interesse delle famiglie dell'associato. Nelle pubbliche dimostrazioni escono, pure, in parata, ma uniti e concordi, senza sfarzo, in modo da dare visione della loro forza, non da formare uno spettacolo miserando, come le società italiane, di cui ognuna va per conto proprio...[90]

Si nota così la grande complessità dei rapporti tra le società e alcuni settori delle comunità italiane. Del resto, anche se l'adesione ad esse fu ovunque massiccia ed in molti casi quasi plebiscitaria, ci furono degli italoamericani che proprio per le ragioni sopra elencate non ne fecero parte, e provvidero a loro

---

[90] *Ivi*, p.56.

stessi e alla famiglia iscrivendosi nelle società americane o cercando altri mezzi previdenziali.

Forse, però, la causa più importante della graduale scomparsa del fenomeno delle società di mutuo soccorso fu l'assorbimento e l'assimilazione delle medesime in organizzazioni fraterne. Da questo cambio i membri trassero immediatamente grande beneficio, perchè la nuova organizzazione era molto più grande e stabile. Così, notevoli interessi finanziari accelerarono il processo di fusione di piccole società in unità più grandi ed organizzate, le cosiddette *Fraternal Insurance Organizations*.
L' "Unione Siciliana" (Sicilian Union), ad esempio, assorbì varie società di assistenza basate sull'origine siciliana comune per formare una potente organizzazione, che, nel 1910 aveva circa 800 membri dirigenti. La difficoltà nel determinare il numero effettivo e riconosciuto dei membri di tali organizzazioni fu sempre grandissima. Ad esempio, un opuscolo pubblicato a Chicago nel 1908 attribuì a "L'Unione", più di 1.300 membri.

Nei seguenti anni, non solo i siciliani, ma tutti gli immigrati, e non solo di Chicago e dell'Illinois, aderirono all "Unione", e di conseguenza, nel 1925, l'organizzazione acquisì un carattere nazionale e fu ribattezzata "Italoamerican National Union". Lo scopo dichiarato del cambio di nome fu riassunto dalla seguente dichiarazione: " per una più stretta unità tra quelli della nostra razza, in un gruppo omogeneo, al fine di onorare noi stessi, l'America e l'Italia."[91] Una non dichiarata ragione per il cambio di nome, sorse dall'intreccio dell'Unione con il crimine organizzato di Chicago. Nel 1928, la società includeva più di 4.000 membri adulti in 39 loggie (con più di mille bambini in

---

[91] H.S. Nelli,*Italians in...* cit., p.176.

milizie giovanili ausiliarie), e con grandi disponibilità economiche (circa 5.317.900 dollari di premi assicurativi in forza). Altre loggie furono fondate in altre città dell'Illinois, dell'Indiana, del Michigan e dell'Ohio.

 Sempre a Chicago, il 10 ottobre 1893, fu organizzata la federazione colombiana delle società italoamericane, con delegati mandati da società italiane sparse in tutti gli Stati Uniti d'America. Esiste ancora.

 Un'altra e più potente organizzazione nazionale di fratellanza fu "l'Ordine Figli d' Italia in America", fondata a New York City nel giugno 1905, della quale parleremo in seguito.

Sia "l'Unione Siciliana" che "l'Ordine Figli d'Italia in America" furono organizzazioni di assicurazione fraterna. Un'altra società fraterna fu "L'Unione Veneziana" (Venetian Union), che fu incorporata nel 1924.

 Ogni società, di mutuo soccorso, o fraterna, aveva il proprio dottore e molte un procuratore alle loro dipendenze. I medici e gli avvocati, generalmente, erano membri dell'organizzazione, sebbene alcuni servissero più di una società. Le loro mansioni consistevano nell'occuparsi sanitariamente e legalmente dei soci. In questo modo, i membri avevano a disposizione l'aiuto necessario in caso di bisogno, ed il medico o l'avvocato in questione, clienti e reddito indipendentemente dall'andamento dell'attività privata. Le società fraterne, affiancarono prima, ed assimilarono poi (in diversi casi), le società di mutuo soccorso, sempre nel massimo rispetto. La "Illinois Health Insurance Commission" chiarì la differenza tra i due tipi di società, dichiarando che le società di mutuo soccorso erano più modeste e maggiormente instabili delle società fraterne, ed erano in molti casi anche non completamente conformi alle leggi assicurative dello stato.

Le società di mutuo soccorso furono quindi iniziative volontarie e di cooperazione, che operarono su instabili principi attuariali, e non poterono mai chiamarsi a pieno titolo compagnie di assicurazione.

Il procedimento attraverso il quale le società tenevano fede ai propri impegni, nella maggior parte dei casi, era quello di tassare i membri allo scopo di ottenere la somma di denaro richiesta. Quando un membro moriva, la società a volte poteva trovarsi a corto di liquidi per coprire le spese funebri; così ogni associato contribuiva con una somma proporzionata al fine di coprire le uscite. Lo stesso procedimento era applicato al verificarsi di ogni eventuale carenza di fondi, per eventuali bisogni urgenti della comunità. La società, inoltre, responsabilizzava i soci nel caso il gruppo non potesse far fronte agli impegni presi. Anche le organizzazioni fraterne adottarono, di conseguenza, le stesse tecniche. Per i soci giovani e vigorosi, l'appartenenza ad una società era un sicuro ed economico modo di provvedere ai bisogni assicurativi e previdenziali futuri. I finanziamenti quindi, potevano essere reperiti ad un livello basso, sempre che l'età media della comunità rimanesse costante.

Quando, con il grande rallentamento del flusso migratorio, le nuove forze diminuirono sensibilmente, l'età media si innalzò sempre più, il tasso di mortalità crebbe, provocando per forza una maggiore tassazione e dei tagli netti alle spese, spesso con rischi di dichiarare bancarotta. La fiducia iniziale, consolidatasi poi attraverso i decenni, che l'innesto regolare di *new blood* avrebbe mantenuto l'associazione in salute, risultò di conseguenza fallace. L'alternativa obbligatoria fu quella di fissare dei premi assicurativi che facessero incassare più denaro nei primi anni di affiliazione, così che un fondo riserva poteva essere accumulato in modo di far fronte ad eventuali innalzamenti delle spese negli anni a venire. L'Associazione Nazionale Italoamericana, l'Ordine Figli d'Italia e altre organizzazioni incominciarono ad occuparsi sempre maggiormente di pratiche assicurative (polizze a rischio selezione, premi di livello, innalzamento fondi).

 Quegli immigrati privi di mezzi economici, che vivevano in alloggi indecenti, al fine di risparmiare ogni centesimo per il ritorno anticipato in Italia, o per acquistare una proprietà o aprire una attività economica, non poterono permettersi di appartenere a società di mutuo soccorso o fraterne. Nel caso di una loro malattia o decesso, furono quindi le sottoscrizioni volontarie da parte degli appartenenti alla colonia a risolvere i loro problemi. Dall'altro lato, i piccoli imprenditori autonomi disposti alla mobilità preferirono ottenere la protezione assicurativa da sicure compagnie americane. Al fine di attirare soci, i *Fraternals* e i *Mutual Aid Groups* espansero i servizi dalle funzioni basilari di sostegno, alle funzioni sociali come, ad esempio, attività ricreative, feste, picnics, danze e celebrazioni religiose.

Secondo il segretario generale della "Italoamerican National Union", Vincent E. Ferrara, le tre principali ragioni del successo della sua organizzazione, in particolar modo riguardo al potere di attrarre soci, furono: il riconoscimento dell' importanza di fornire allo stesso tempo sia bisogni finanziari ed assistenziali che servizi sociali, le sue valide e solide pratiche assicurative, il suo ardente nazionalismo anche quando l'intero insieme dei soci era composto da siciliani.[92]

Dal momento in cui gli appartenenti alle società favorirono largamente queste attività sociali e ricreative, le organizzazioni diedero grande enfasi a questo tipo di eventi.

 A causa della gelosia, o dell'ambizione di qualche dirigente, ogni gruppo cominciò ad organizzare per conto proprio ricevimenti, feste, picnics ed altre celebrazioni. Il risultato, come riportò "La Tribuna Italiana Transatlantica" nel 1906, fu che nello stesso giorno a volte si tenevano tre o quattro ricevimenti di diverse società. Per ovviare a questo inconveniente, nella primavera dello stesso anno i leaders delle organizzazioni cittadine, al fine di coordinare le attività sociali, riunirono le associazioni in una confraternita sotto il nome di "United Italian Societies". L' unione si dimostrò popolare e apprezzata.

 Per incrementare il numero degli appartenenti, le società di mutuo soccorso e le associazioni di assicurazione fraterna aggiunsero alle funzioni assistenziali le attività sociali e ricreative.

---

[92] H.S. Nelli, *Italians in..*, cit. p.178.

4. 8 L' Ordine Figli d'Italia in America

La massoneria in America fu per molti aspetti diversa dall'istituzione omonima in Italia. Negli Stati Uniti, essa fu principalmente una vasta associazione di mutuo soccorso, senza particolari tendenze politiche, religiose o antireligiose. Mantenne una certa segretezza circa i suoi riti e cerimonie, che ebbero lo stesso carattere pseudo-sacerdotale della massoneria di altri paesi. Essa si auto-reclamizzò in modo imponente, ed ogni massone si vantò di essere tale. Ebbe un carattere molto spesso folkloristico con riunioni in fantastici costumi, accompagnate da bande musicali e con bandiere in testa. I templi massonici in molte città furono vasti edifici simili a clubs e forniti di ogni tipo di comodità.

Accanto alla massoneria vera e propria si formarono numerose associazioni a carattere massonico, come i "Red Men" (che nelle grandi occasioni si travestivano da indiani e sfilavano a cavallo), i

"Knights of Pythias", gli "Elks", gli "Eagles" ecc. Il fanatismo degli americani (ma non solo) per questi sodalizi fu grandissimo; e, nonostante il cattolicesimo fosse in qualche misura ostile ad essi, fondarono una specie di ordine massonico per credenti detto "Cavalieri di Colombo" a cui appartenevano i più alti dignitari della chiesa.

 Per quanto anche nella massoneria americana si registrarono alcuni lati oscuri e talvolta intrecciati con interessi non proprio completamente legali, non si è potuto quasi mai muovere gli appunti di cui è ed è stata passibile in altri paesi, specie in quelli latini.

 L'Ordine figli d'Italia fu fondato nel 1905, e il suo scopo fu quello di conservare, promuovere e manifestare la grandezza della tradizione italiana, promuovendosi allo stesso tempo, come forza attiva della nuova accogliente nazione. Fu una organizzazione fraterna e volontaria, basata su di un sistema logistico, con una propria rappresentativa forma di governo. L'intento principale per cui l'ordine si formò fu quello di riunire in un fascio solo le sparse energie delle comunità italiane, con regolamenti uniformi per una più intima unione morale. Perciò il sorgere di questa nuova organizzazione fu salutato con entusiasmo anche da quegli individui più refrattari alle idee sociali coloniali.

 Durante il suo primo periodo di vita, dal 1905 al 1911, l'ordine si sviluppò lentamente fra due grandi ostacoli: l'ostilità palese ed occulta che esisteva nelle comunità italiane ed i dissidi e le lotte interne che furono talvolta durissime.

Nonostante le grandi difficoltà cui andò incontro, l'idea ed i valori che esso rappresentava si fecero sempre più strada, suscitando speranze ed aspettative tra gli italoamericani.. "Le persone passano, l'Istituzione rimane" [93] fu uno dei motti che accompagnarono il suo sviluppo. Le dispute interne, furono le più pericolose per l'ordine, perchè portavano quasi sempre una certa disgregazione fra i membri. L'ostilità invece che subì dall'esterno raggiunse quasi esclusivamente l'effetto contrario: cioè cementò sempre più l'organizzazione, e la convinse della necessità della missione, rafforzandone lo spirito combattivo.

In principio quando si cominciò a parlare a New York di un ordine massonico italiano che, prendendo esempio da quelli esistenti fra gli altri gruppi etnici, tendesse verso un'opera di educazione e di risollevamento morale e sociale delle masse italiane immigrate, l'idea suscitò subito ammirazione e nobili sentimenti, ma venne giudicata dai più irrealizzabile. In seguito, quando i primi nuclei dell'organizzazione si formarono ed acquistarono consistenza, si capì subito l'importanza che andava a rivestire questo nuovo soggetto politico e sociale. Molti fin dall'inizio furono gli oppositori e gli scettici che ammonivano di stare attenti, perchè sotto il nome "Ordine Figli d'Italia" si sarebbe nascosta una setta con oscuri scopi politici e religiosi. I nemici maggiori che l'organizzazione ebbe nei primi tempi di esistenza furono i cosiddetti prominenti, e molti giornali di lingua italiana.

Uno dei capisaldi più importanti del programma dell'ordine, che ebbe precedenza sugli altri, almeno nei primi momenti, fu quello di riunire la massa, e disciplinarla sulla base di certe aspirazioni

---

[93] B. Aquilano., *op.cit.* p. 30.

comuni. L'ordine cercò quindi di sottrarre ai prominenti, alle società di mutuo soccorso, alla stampa italoamericana e in qualche modo anche alle istituzioni religiose, l'influenza così lungamente e massicciamente esercitata sugli immigrati. Tentò insomma di unire la grande massa immigrata, cercando di ridurre il campanilismo ed il provincialismo esistente attraverso l'acquisizione di una nuova coscienza collettiva. Non sempre gli sforzi però portarono a risultati soddisfacenti, e nel corso degli anni andò incontro anche a diversi gravi errori che non promossero il bene della collettività. L'ordine si trovò a fronteggiare quelle organizzazioni e quegli individui (prominenti, leaders e banchisti), che dalla divisione degli immigrati avevano generalmente tratto profitto. E, infatti, la grande massa degli immigrati rimase per diverso tempo indifferente nei confronti della nuova organizzazione che nei suoi primi anni di vita sembrò destinata a scomparire. Moltissimi suoi esponenti erano ancora dominati dalla mentalità imperante nella società di mutuo soccorso, dove le dispute interne erano all'ordine del giorno. La frase più spesso ripetuta era: " L'Ordine Figli d'Italia è sorto quale imperiosa necessità della vita coloniale" [94], frase abbastanza azzeccata ma che poteva essere interpretata in diversi modi. Anche il programma, vasto e complesso, poteva essere soggetto ad una moltitudine di interpretazioni, analisi, critiche, spesso molto contraddittorie. Tuttavia l'organizzazione sopravvisse alle insidie, superò le crisi, e tentò di fare opera di auto-chiarificazione. Il periodo più difficile andò dal 1905 al 1907 e fu dedicato quasi esclusivamente alla formazione e all'assimilazione di nuove logge.

---

[94] Cfr., Bollettino Ufficiale, Anno II, no. 16. cit. in B. Aquliano. *op.cit.* p.32.

Dopo due anni, dal 1905 al 1907, l'ordine contava solamente 11 logge, ma diventarono già 67 nel 1911. Il secondo periodo, che si aprì nel 1911, può essere esteso fino al 1916 quando l'ordine non solo contava più di 500 logge, ma ne acquistava, in media, una nuova al giorno. Il periodo della prepotente affermazione fu dal 1916 al 1924, ma, già fin dall'inizio della prima guerra mondiale l'ordine faceva sentire in modo massiccio la propria influenza sulla vita delle collettività italiane in America.

Il decadimento e la successiva scomparsa di simili istituzioni fu nel corso dei decenni graduale ma inesorabile. Le società di mutuo soccorso, le organizzazioni fraterne insieme con le organizzazioni più tradizionali e i giornali in lingua si estinsero.

Ebbero durante lo stanziamento un ruolo vitale per la sopravvivenza, l'affermazione e la caratterizzazione delle comunità italiane, ma negli anni dopo la seconda guerra mondiale, la loro grande avventura potè dirsi virtualmente conclusa. L'unica istituzione che non subì lo stessa sorte fu la chiesa cattolica.

Negli anni sessanta furono intervistati trecento italoamericani residenti nel Near West Side di Chicago; nessuno degli intervistati apparteneva a nessuna organizzazione mutuale o fraterna, e nessuno leggeva giornali di lingua italiana, neanche tra gli altri membri della famiglia. Molti non erano nemmeno a conoscenza delle due più grandi società fraterne italiane: l'Ordine Figli d'Italia e L'Italo-American National Union.[95]

Anche la stampa italoamericana, così importante potente ed organizzata nei decenni del grande esodo, ebbe un declino inarrestabile. Attualmente la sua presenza è riscontrabile quasi

---

[95] H.S. Nelli., *From Immigrants to...*cit., p. 179.

esclusivamente nelle città della East Coast, dove ancora gli italiani continuano ad arrivare e ad aggregarsi. Solo "Il Progresso Italoamericano" di New York viene pubblicato giornalmente ma la sua diffusione tende ogni giorno a diminuire.

CAPITOLO V

Mobilità sociale, successo e

identità italoamericana tra continuità e cambiamento

5.1 La ricerca di una identità tra stereotipi e pregiudizi nel processo di assimilazione

Nel 1909 il famosissimo scrittore William Dean Howells, in una conferenza alla *Society for Italian Immigrants*, confessò le sue preoccupazioni circa un tormentoso problema: in che modo assimilare l'oltre mezzo milione di italiani della città di New York ? Ma ripensandoci, affermò: "Non siamo noi americani a dover nutrire i timori, bensì gli italiani; non siamo noi a dover assimilare loro, ma loro a dover assimilare noi." Pur conoscendo i difetti dell'immigrato italiano ("troppo spesso sono irascibili, gelosi, vendicativi e omicidi") Howells ne apprezzava la cortesia spontanea, il temperamento artistico, e la serietà. Prevedeva quindi senza problemi l'assimilazione a quel tempo ancora per massima parte incompiuta. Howells era italofilo e cosmopolita in un momento storico in cui gli immigrati italiani erano considerati inferiori. Ottantacinque anni dopo, la sua profezia sembra essersi avverata completamente. L'assimilazione è stata pressochè completa e soprattutto reciproca. La pizza è diventata il piatto nazionale statunitense e nomi italiani abbelliscono gli uffici di presidenti di società, governatori, senatori e rettori di università, solo per citare due degli innumerevoli esempi esistenti nell'America contemporanea. Il 15 maggio del 1983, il Magazine del New York Times mostrava in copertina il ritratto di italoamericani di spicco come Martin Scorsese, Mario Cuomo, Lee Jacocca, Joseph Cardinal Bernardin e A. Bartlett Giamatti sottolineandone l'affermazione silenziosa e spettacolare.

Mentre in precedenza erano sempre stati considerati difficilmente assimilabili, gli italoamericani, a partire dalla fine della seconda guerra mondiale, cominciarono sempre di più ad infoltire le fila della borghesia, ad accumulare potere e ricchezza ed a contribuire come mai prima ai progetti sociali e politici della nazione.

L'evento più rilevante per lo sviluppo ed il futuro degli italiani negli Stati Uniti fu la nascita della seconda generazione. Già nel 1920, i bambini italiani nati in America erano più numerosi dei loro genitori immigrati, e nel 1940 erano diventati adulti. Essi appartenevano a due realtà: quella della famiglia e del quartiere, e quella della grande America. Nonostante il paese di origine dei loro genitori non fosse altro che una leggenda, essi assorbirono in pieno tutta la cultura, le tradizioni, i modi comportamentali derivanti da una educazione di tipo paesano e contadino. Man mano che crescevano, assorbivano le idee e i sogni americani a scuola, nelle strade, e attraverso i mass media. Si verificò quindi inevitabilmente uno scontro tra culture e un conflitto tra generazioni; i genitori esigevano che i figli mantenessero e rispettassero le tradizioni e le usanze del paese d'origine, mentre i figli desideravano più di ogni altra cosa essere americani. La seconda generazione fu quindi per molti versi vittima di un nuovo tipo di emarginazione, non facendo parte completamente di nessuno dei due mondi, avvertendo costantemente le pressioni contrastanti di modi di vita radicalmente opposti. Questi giovani "americanizzati" imparavano da insegnanti e compagni che essere italiano significava essere inferiore. Erano presi in giro per i loro nomi, per il cibo che mangiavano, e per i vestiti che portavano. Finivano quasi sempre per vergognarsi dei loro genitori che parlavano un inglese stentato e che si esprimevano in modi bizzarri ed inconsueti.

 Mario Cuomo, attuale sindaco di New York, ricorda con angoscia il suo imbarazzo a quattordici anni quando il padre incontrava gli insegnanti o altri genitori, senza riuscire a farsi capire. In effetti, la seconda generazione costituisce un caso classico di disprezzo di sè, avendo fatto propri tutti gli stereotipi negativi della prima. In molti reagirono rifiutando completamente la propria identità italiana, americanizzando il nome (es: da Bianco a White), trovando una moglie non italiana, abbandonando la Little Italy, e smettendo addirittura di mangiare spaghetti. Altri reagirono diventando attivamente filoitaliani, facendo propria l'eredità italiana, studiando l'italiano e andando fieri delle conquiste dell'antica Roma e dell'Italia fascista. La maggioranza oscillava tra questi due estremi, mantenendo al proprio interno, in un difficile equilibrio, gli elementi contrastanti. Tali conflitti emotivi comportavano una scarsa stima della persona, una mancanza di fiducia, passività e delinquenza. La gran parte dei genitori contadini non era preparata per affrontare simili problemi psicologici, nè lo era la società.

 In realtà, persisteva fortemente una chiara continuità tra la prima e la seconda generazione. Gli immigrati continuavano ad educare quasi sempre i loro figli inculcando in loro i valori dell'Italia contadina. I contatti tra le due generazioni si mantennero sempre strettissimi, poichè i figli vivevano in famiglia fino al matrimonio con un connazionale, per poi sistemarsi nello stesso quartiere. La seconda generazione, per quanto riguarda il tenore di vita, cominciava ad imitare sempre più assiduamenti i modi di vita, le espressioni, il modo di vestire, di mangiare, di comportarsi americano, conosciuto attraverso gli amici non-italoamericani, i giornali, i libri e i modelli proposti dal cinema.

I figli desideravano che i genitori smettessero di essere *Wops*, diventassero cittadini americani a pieno titolo, e soprattutto consumatori. [96] Avere il frigorifero, la radio, e l'automobile significava soprattutto calarsi in un'identità pienamente americana.

---

[96]   Alcuni degli italiani giunti negli Stati Uniti nel diciannovesimo secolo utilizzarono la parola "guappo" per i nuovi arrivati degli anni '20. Il termine, anglicizzato in "wop", diventò dispregiativo per tutti gli italiani, degradante quanto lo erano stati in passato "dago" o "guinea".

I giovani della seconda generazione diventarono, nella stragrande maggioranza, operai specializzati. Alcune delle loro caratteristiche furono il basso livello di istruzione e di mobilità professionale. Esclusi da una carriera rispettabile nel campo degli affari, o in qualche professione a causa dei pregiudizi e per le limitate ambizioni, non pochi scelsero il crimine come "peculiare scala di mobilità sociale"[97] Altri invece trovarono nel nascente movimento operaio l'opportunità di mettersi in luce. Lavorando in fabbriche e stabilimenti a fianco di neri, irlandesi, polacchi e greci, i giovani italoamericani svilupparono un senso di solidarietà e di coscienza di classe, dando il loro contributo all'organizzazione delle industrie per la produzione in serie negli anni trenta e quaranta. La loro identità era composta in massima parte da una mescolanza di elementi della tradizione, di ideali appresi dai libri e dai giornali, di sogni hollywoodiani e cultura popolare.

Un peso particolare nella ricerca di una propria identità italoamericana, lo ebbe l'avvento in Italia del regime fascista. Sia gli immigrati che i loro figli, continuamente vittime di un'incessante denigrazione di tutto ciò che era italiano, trassero un senso di orgoglio dall'ammirazione con cui molti americani, almeno in un primo tempo, guardarono all'Italia fascista. Molti erano convinti che Mussolini avrebbe fatto dell'Italia un grande paese temuto e rispettato, portando dei benefici anche all'immagine dell'immigrato, così spesso bistrattata. Gli italoamericani si identificarono nel fascismo perché diede loro

---

[97]   Cfr.R.J. Vecoli, "Italian-American Workers, 1880-1920", in S.M. Tomasi (ed), *Perspectives in Italian Emigration and Ethnicity*, Center for Migration Studies, New York, 1977, p.25.

un'identità riconoscibile e valida in una società americana profondamente pluralistica.[98]

Molti dei leaders, prominenti, imprenditori, e commercianti italoamericani diventarono sostenitori del "duce", ma il sentimento filofascista era presente in generale tra le masse. Gli antifascisti erano una minoranza relativamente piccola, costituita da resti dei movimenti socialisti ed anarchici rafforzati dagli esiliati politici. Il regime fascista approfittò in modo energico di questa situazione conducendo un'intensa campagna propagandistica tra gli italoamericani, ed attraverso i consoli esercitò un controllo su quasi tutti i giornali in lingua italiana, sui programmi radiofonici, sulle organizzazioni, sulle chiese, sulle scuole e sulle istituzioni culturali. Durante la guerra d'Etiopia, adunate di massa di italoamericani proclamarono la propria solidarietà con la madrepatria. Le donne arrivarono, in moltissimi casi, a sacrificare le fedi nunziali per la causa, ma pochissimi uomini tornarono per combattere. Più che veri e propri seguaci ideologici, gli italoamericani furono compagni di viaggio sentimentali del regime.[99]

Si calcola che negli anni di massima affermazione del fascismo, solo il 5% degli italoamericani potevano definirsi "fascisti convinti"; il 35% era filofascista mentre il 10% era decisamente contrario al regime mussoliniano. Il restante 50% si occupava "dei fatti suoi." [100]

---

[98] Cfr. P.V. Cannistraro, "Gli italo-americani di fronte all'ingresso dell'Italia nella seconda guerra mondiale", *Rivista di Storia contemporanea*, vol.7,1976, p.862.
[99] Cfr. J.P. Diggins, *Mussolini and Fascism. The View from America*, Princeton, Princeton University Press,1972, p.97.
[100]   Cfr. G. Salvemini, *Italian Fascist Activities in the United States,* New York, Center for Migration Studies, 1977, p. 46.

Quando l'Italia entrò in guerra a fianco della Germania nazista, la prontezza con cui gli italoamericani, soprattutto quelli della seconda generazione, ripudiarono il regime fascista, dimostrò in pieno la superficialità del sostegno dato a Mussolini. La data del 7 dicembre 1941, poi, chiuse definitivamente la parentesi fascista nella vita degli italoamericani, i quali quasi all'unanimità, proclamarono la loro totale lealtà agli Stati Uniti, con leaders, e prominenti in prima fila.

La seconda guerra mondiale costituì per molti aspetti, uno spartiacque decisivo nella storia italoamericana. Secondo le parole di Diggins: *"It provided the fuel for the melting-pot."* [101]

Gli italiani non naturalizzati, che nel 1941 erano ancora 600.000, furono dichiarati stranieri nemici (anche se il 12 ottobre 1942, anniversario della scoperta della America, il provvedimento, fu revocato).

Improvvisamente gli italoamericani vennero considerati come individui sospetti da controllare. Diventati timorosi, sciolsero molte delle società e organizzazioni, ed interruppero le feste e le celebrazioni tradizionali. In molte scuole fu abbandonato l'insegnamento dell'italiano. Ma la cosa ancora più importante è che era scoppiato il conflitto latente da decenni nell'identità della seconda generazione, che si affrettò ad americanizzarsi completamente. Bisogna rilevare che il trattamento riservato agli italo-americani fu riguardoso, paragonandolo a quello che fu riservato ai tedeschi-americani durante la prima guerra mondiale o a quello ai giapponesi-americani nella seconda. Infatti solo 228 stranieri italiani furono rinchiusi nei campi americani.

---

[101]   "Fornì il combustibile per il crogiolo", J.P.Diggins, *op.cit.*, p.108.

Un gran numero di italoamericani combatterono nelle forze armate, e le stelle d'oro appese alle finestre delle case delle Little Italies testimoniarono il tributo di sangue pagato alla repubblica americana. Per gli italoamericani l'esperienza della guerra fu traumatica e drammatica allo stesso tempo, e lo scontro che li vide opposti ai loro consanguinei fu per molti aspetti angoscioso.

La guerra portò piena occupazione e salari alti, favorendo l'ascesa di molti italoamericani. Il servizio militare e l'occupazione delle donne nelle industrie belliche portarono maschi e femmine fuori dalle comunità, li misero a contatto con tutti gli altri americani, li fecero conoscere ed offrirono loro nuove opportunità. Cavalcando il boom economico dei decenni postbellici, con l'aiuto del *Bill of Rights* per i soldati, la seconda generazione raggiunse sempre più gli obiettivi dell'americanizzazione e della mobilità verso l'alto. Si iscrissero in numero crescente all'università, trovarono lavoro come impiegati, si trasferirono nelle periferie in rapida espansione, sposarono non-italiani, in particolare cattolici tedeschi, irlandesi e polacchi. I vecchi quartieri da loro abitati erano sempre più soggetti a demolizioni e all'afflusso di neri e latino-americani. La generazione di immigrati non veniva più rimpiazzata da nuovi arrivi, con la conseguenza che alla fine degli anni cinquanta sembrò che gli italoamericani, che nel corso dello stanziamento erano stati così restii all'assimilazione conservando in maniera incredibile le proprie tradizioni, e la propria identità, stessero per fondersi nel grande crogiolo americano, lasciando poche tracce della loro esistenza. Con gli anni sessanta, questo pericolo fu parzialmente scongiurato.

La società, che negli anni di presidenza Eisenhower era sembrata avvicinarsi ad un'omogeneità borghese tipicamente americana, fu improvvisamente lacerata da conflitti razziali, etnici e di classe. La guerra del Vietnam, la discriminazione razziale e le istituzioni autoritarie diventarono il bersaglio della disobbedienza civile, delle rivolte e della guerriglia urbana. Il clima soffocante degli anni della guerra fredda favorì l'avvento delle controculture tipiche degli anni sessanta. Droghe, libertà sessuale, musica rock, abbigliamento eccentrico, tutto sfidava la moralità tradizionale. La parola d'ordine era liberazione: dei neri, delle donne, degli omosessuali. Alla base di questa grande rivoluzione culturale vi erano due tendenze: la ricerca dell'identità e la ricerca di elementi comuni. Il nazionalismo nero ispirò un movimento generale di affermazione etnica. In molti andarono alla ricerca delle proprie radici ostentandole poi con orgoglio. Sembravano tutti d'accordo che il *Melting Pot* era un altro mito da distruggere. Fu l'inizio di quella che è stata definita la rinascita etnica.

 Gli italoamericani reagirono a questo sconvolgimento culturale in maniera conforme alla propria storia etnica e di classe, schierandosi generalmente dalla parte conservatrice della barricata. Facendo parte del cosiddetto "basso ceto medio", fedeli a valori tradizionali imbevuti del "culto della gratitudine", osservavano confusi e sempre più irritati le violenze, le ribellioni, i roghi delle cartoline di precetto e dei reggiseni.[102] Poichè difendevano strenuamente la propria famiglia, il loro quartiere e il patriottismo, gli italoamericani, insieme con altri gruppi etnici bianchi, furono denunciati ed additati come fascisti e razzisti. Più

---

[102]   R. J. Vecoli, "La ricerca di un'identità americana: continuità e cambiamento" in AA.VV., *La popolazione di origine italiana...*cit. p.221.

di ogni altro gruppo etnico bianco, gli italoamericani restavano ancora tenacemente legati ai loro vecchi quartieri e alle loro tradizioni. Le Little Italies dimostravano una sorprendente capacità di resistenza.

Conservando il senso del luogo proprio, tipico dei contadini, erano radicati nell'ambiente particolare costituito da case, negozi, chiese e circoli sociali in cui vivevano ormai da due o più generazioni. Generalmente erano l'ultima grande etnia bianca rimasta nei quartieri delle grandi città; fu quindi inevitabile uno scontro con altre realtà etniche in forte ascesa, i neri in primo luogo. Le richieste degli afroamericani toccavano le loro scuole, le loro occupazioni e i loro quartieri. [103] Si sentivano, in qualche modo, obbligati a risarcire i neri per una storia di oppressione di cui non erano stati responsabili.

Come disse un italoamericano residente nella Little Italy del West Side di Chicago: " My granpa' never kept any slave" [104]

Naturalmente gli italoamericani nutrivano pregiudizi razziali (nel processo di americanizzazione avevano imparato bene che la pelle scura era sinonimo di inferiorità), ma fondamentalmente era in atto un conflitto fondamentale di valori e modo di vita tra afroamericani e italoamericani.[105]

Dal loro punto di vista, gli italoamericani non difendevano solamente le loro proprietà, ma combattevano per quei valori, quelle tradizioni e modi di vita che li avevano resi in qualche

---

[103]   Il termine "afroamericano" in luogo di "negro", o del più accettabile "nero", fu anch'esso introdotto durante la grande rivoluzione culturale degli anni sessanta. Il conflitto tra afroamericani e italoamericani fu molto aspro in particolare tra il 1950 e la fine degli anni settanta, ma ancora oggi in alcuni casi lo scontro è presente (possiamo citare a tal proposito il film del regista nero Spike Lee "Do the Right Thing"(1989) che analizza le tensioni tra neri ed italiani in un quartiere di New York).
[104]   "Il mio vecchio non ha mai avuto nessuno schiavo". Cfr. R. J. Vecoli, "La ricerca di un'identità...", cit. p. 228.
[105]   Cfr. Richard Gambino, *Blood of my Blood*, New York, Doubleday,1974 p.192.

modo fieri e diversi. In alcune città, essi organizzarono gruppi paramilitari guidati da leaders decisi come, ad esempio, Anthony Imperiale nella città di Newark N.Y., per difendere le loro "frontiere", una tattica che però diede ugualmente scarsi risultati di fronte alla volontà del governo federale o municipale di attuare i piani di ristrutturazione urbani. Molti quartieri italiani furono così smantellati per fare posto a strade o progetti di edilizia pubblica; alcuni furono abbandonati, ma altri resistettero grazie anche all'associazione collettiva (sempre così fondamentale nel corso dell'esperienza italiana in America), a interventi politici e alla rivalutazione crescente del ruolo dei quartieri etnici come fattore di stabilizzazione delle città americane. La "Hill" di St. Louis, "Bloomfield" a Pittsurgh, e la Little Italy di Baltimore sono esempi di comunità italoamericane rivitalizzate che hanno resistito nel tempo alle pressioni urbanistiche. La lotta per la sopravvivenza di questi quartieri e la rivalutazione dell'orgoglio etnico contribuirono enormemente alla rinascita dell'identità italoamericana.

 Negli anni sessanta, se da un lato si assistette all'estinzione quasi generalizzata delle istituzioni italoamericane più caratteristiche, dall'altro ci fu un proliferare di organizzazioni votate alla contestazione e alla protesta. Gli italoamericani si mobilitarono non solo per la difesa dei loro quartieri, ma soprattutto per il cattivo trattamento riservato loro da parte dei mass media e per cancellare stereotipi e luoghi comuni che così profondamente avevano segnato la loro storia.

 Stanchi delle continue diffamazioni da parte dei mass-media che li indicavano tutti come potenziali criminali, ad imitazione degli ebrei,   avviarono numerose campagne anti-diffamatorie.

Organizzazioni nuove come la A.I.D. (Americans of Italian Descent), L'Italian American Coalition, la Columbia Coalition, il Joint Civic Commitee of Italian Americans, insieme con quelle più vecchie e consolidate come l'Ordine Figli d'Italia, per controbattere l'immagine distorta, stereotipata e avvilente degli italoamericani proposta dai mezzi di informazione, passarono dalle lettere di protesta all'azione diretta, con picchetti, boicotaggi, pressioni su reti televisive e giornali ottenendo, a volte, buoni risultati.

Questo movimento raggiuse il suo apice nella celebrazione dell'Italian American Unity Day, il 29 giugno del 1970, che richiamò al Columbus Circle di New York più di 50.000 italoamericani. L'incontro era stato patrocinato dall'Italian American Civil Rights League, che in seguito fece una dimostrazione davanti agli uffici dell'F.B.I. contro i maltrattamenti nei confronti di italoamericani sospettati di appartenere ad associazioni criminali. A seguito di queste sollecitazioni, il Ministero della Giustizia e addirittura il "New York Times" furono d'accordo nell'eliminare i termini mafia e "cosa nostra" dal loro vocabolario.

 Nelle fondamenta di queste manifestazioni esteriori di una presa di coscienza dell'identità italoamericana, covavano dei processi strutturali che stavano trasformando la natura stessa del gruppo etnico. Un avvenimento che liberò uno di questi processi fu senz'altro il raggiungimento dell'età adulta della terza generazione e la nascita di una quarta (nipoti e pronipoti degli immigrati nati in Italia). Nel 1980, secondo i dati del grande censimento, il grosso della popolazione italoamericana apparteneva a queste ultime due generazioni. Questi giovani non conoscevano più l'italiano e nemmeno i dialetti, avevano un'immagine lontanissima dei loro antenati, crescevano imbevuti della cultura giovanile dei loro coetanei, ma erano anche profondamente impegnati in una ricerca difficilissima e logorante di una propria identità. L'elemento di riferimento della loro vita erano i genitori, anch'essi ambigui rispetto alla loro italianità. Questi genitori a loro volta inculcavano nei figli molti dei valori tradizionali, come il rispetto per le gerarchie, la fede nel duro lavoro, la lealtà alla famiglia. Anche se in qualche modo ribelli verso l'autorità, assorbivano nella loro personalità queste caratteristiche; ma assimilavano dai genitori, (e soprattutto dalla società), i valori prettamente americani dell'ambizione, del successo e dell'individualismo. Così i figli ricevevano molti messaggi contraddittori come "studia, ma non cambiare", "fatti strada nel mondo, ma non diventarne parte."[106] Quando poi il giovane della terza generazione raggiungeva la piena maturità si veniva a trovare in una situazione inverosimile. Membro di uno dei maggiori gruppi etnici degli Stati Uniti, si sentiva isolato, privo di legami o affinità con gli altri italoamericani. Spesso aveva bisogno di andare oltre le certezze minime che i suoi genitori avevano chiesto alla società, diventando così ambizioso. Privo però di un modello familiare o culturale su cui basare e soddisfare questa ambizione, razionalizzava la sua crisi d'identità cercando di considerarsi esclusivamente americano.[107]

Questa crisi d'identità generazionale è stata esasperata soprattutto dalla rapida mobilità verso l'alto acquisita negli ultimi trenta anni. Alcuni studi hanno dimostrato che i nipoti degli

---

[106]   Cfr. R.J. Vecoli, "La ricerca di....", cit. p.229.
[107]   R. Gambino, *op.cit.*, pp.36 seg.

immigrati hanno compiuto un grandissimo salto di qualità nella scala socio-economica. Nel campo dell'istruzione, dell'occupazione e del reddito hanno raggiunto o superato le medie nazionali. Ad esempio la percentuale dei giovani italoamericani iscritti al college è passata del 21% degli anni quaranta, al 45% degli anni sessanta.[108] La conseguenza ovvia è stata quella di un sempre maggiore afflusso nelle professioni più elevate, in particolar modo in quelle manageriali. Molti italoamericani occupano infatti attualmente le cariche dirigenziali di grosse società. Considerato lo spazio temporale di due sole generazioni, l'ascesa è stata veramente spettacolare. In più questa scalata sociale sembra essersi accompagnata a un declino degli stereotipi e dei pregiudizi.

Una dimostrazione palese della piena accettazione degli italoamericani avvenne nel 1984 quando si parlò per la prima volta di candidati di origine italiana come Lee Iacocca, Geraldine Ferraro e Mario Cuomo per la presidenza e la vicepresidenza del paese. Ma tra la maggior parte degli italoamericani persiste la diffusa sensazione di essere tuttora oggetto di pregiudizi e discriminazioni. In una indagine compiuta alla fine degli anni ottanta, più del 25% degli intervistati ha affermato di osservare ancora "notevoli pregiudizi nei confronti degli italoamericani." [109] Oggetto di tali preclusioni sono ancora sia gli operai che i laureati impiegati in professioni di responsabilità.

Molti dei vecchi pregiudizi e luoghi comuni restano in vita anche per mezzo delle barzellette, piene di volgari e spesso

---

[108]   D.L. Arnaudo, *The Status of Italian American Families*, 1983, p. 123.
[109]   R. J. Vecoli, "La ricerca di un'identità italoamericana...",cit., p.232.

disgustose derisioni, ai danni degli italoamericani che circolano in ogni ambiente.

La rapida ascesa degli italoamericani, che li ha resi per la prima volta dei seri concorrenti degli americani di origine inglese e irlandese e di altri gruppi etnici affermati, ha intensificato i pregiudizi ai livelli superiori della società americana. Le insinuazioni sui presunti legami con la mafia sono state usate con successo dai rivali di uomini politici e d'affari italoamericani per rovinarne l'affermazione. Diverse associazioni hanno sostenuto che l'esigua presenza di italoamericani nella direzione delle più importanti società statunitensi può essere considerata come una prova delle evidenti discriminazioni patite.

Per gli italoamericani di oggi, la costruzione di un'identità etnica è diventato un compito arduo e complicato. Diversamente dagli antenati immigrati che sapevano esattamente chi erano, essi hanno delle numerose ma ambigue alternative. I valori a disposizione con cui ricostruire la porzione italiana della loro identità sono differenti e non omogenei, oscillanti tra quelli tradizionali ancora presenti nei nonni, e le immagini del "Padrino", tra l'eredità classica della cultura italiana (Michelangelo, Leonardo da Vinci ecc.) e l'Italia contemporanea dell'alta moda, della Ferrari e del calcio. In misura maggiore o minore, gli italoamericani hanno al loro interno molti di questi elementi discordanti, e ciò che infonde energia alla loro ricerca d'identità è la necessità di riconciliarli e sintetizzarli.

Ancora oggi le tradizioni italiane, nonostante più di un secolo di storia negli Stati Uniti, resistono fortemente, e le numerose celebrazioni delle feste dei santi, ne sono testimonianza diretta. Ancora oggi si celebrano ogni anno negli Stati Uniti centinaia di di feste (alcune delle quali con pù di cento anni di storia) in onore di San Gennaro, San Rocco, di Santa Rosalia e della Madonna del Carmine e la partecipazione è tuttora imponente. La tradizione viene seguita scrupolosamente: si portano le statue in processione, suona la banda, e si conclude con i fuochi d'artificio.

La mentalità campanilistica sopravvive ancora in molti contesti, ma si esprime soprattutto nelle relazioni di molti italoamericani con la famiglia e con i vicini. Dopo lo spostamento nelle periferie, molti pensarono che il processo di assimilazione si sarebbe compiuto definitivamente, ma non fu così a causa del trasferimento in massa nelle nuove aree. Anche se in molte città le vecchie Little Italies sono state quasi completamente sgombrate, gli italoamericani si sono concentrati nelle zone residenziali, ricreando, in molti casi, delle nuove comunità. Molti di questi abitanti delle periferie tornano durante i fine settimana nei vecchi quartieri per far visita a parenti ed amici, per fare acquisti nei negozi italiani, frequentare la parrocchia italiana e partecipare alle feste. L'etnia italoamericana riesce a sopravvivere per mezzo di queste relazioni intime delle, oramai sempre più piccole, comunità.

Il miglior emblema dello sdoppiamento dell'identità italoamericana, è forse la celebrazione del Columbus Day. Cristoforo Colombo, dichiarato padre spirituale di tutti gli americani di origine italiana, certifica inequivocabilmente l'americanità del loro essere anche italiani. Dopo una lunga campagna gli italoamericani sono riusciti a far dichiarare questa ricorrenza festa nazionale, ed in tutti gli Stati Uniti vi sono grandiose manifestazioni, in cui è d'obbligo la presenza dei politici, in particolare i candidati alla presidenza, e dove si fanno discorsi in cui si lodano le virtù del popolo italiano, nominando personaggi come Michelangelo, Garibaldi e Marconi.

Manifestazioni più recenti, ma di uguale importanza, sono le cosiddette "Feste Italiane", celebrate non solo negli Stati Uniti, ma in tutti quei paesi dove la presenza immigrata italiana è rilevante. Queste feste che attirano migliaia di persone, tra cui molti non italiani, rappresentano una mescolanza di cultura etnica e popolare, di sacro e di profano. Si degustano cibi italiani, si ascolta musica popolare e cantanti moderni italiani, si assiste alla messa e alla processione religiosa, e ci sono mostre che ripercorrono la storia culturale italiana: dalle usanze più antiche a quelle più moderne e all'avanguardia.

A un livello diverso molti italoamericani, che sapevano solamente che i loro bisnonni provenivano da un paesino dell'Abruzzo o della Campania, si sono impegnati in un'intensa ricerca della loro eredità familiare ed etnica, facendo, in alcuni casi, accurate indagini genealogiche.

Lo studio dello sviluppo e della ricerca di una specifica identità italoamericana è oggi dominato dalla vastità e complessità del tema, che comprende milioni di persone di diverse generazioni, sparse in ogni angolo degli Stati Uniti, presenti dalla base al vertice della struttura sociale americana.[110] Possiamo comunque rilevare una grande vitalità e presa di coscienza del problema nelle comunità italoamericane. Sulla base di un patrimonio eterogeneo di tradizioni, cultura popolare, e formazione

---

[110]   Fra gli studi più importanti sull'identità italoamericana possiamo citare: P.J. Gallo, *Ethnic Alienation: The Italian Americans*, Rutheford, N.J., 1974; R. Gambino, *Blood of my Blood: The Dilemma of Italian Americans*, Garden City, N.Y.,1974; I. Child, *Italian or American? The Second Generation Conflict*, New York, Yale University Press, 1943; A.J. Crispino, *The Assimilation of Ethnic Groups: The Italian Case*, Staten Island, N.Y., Center for Migration Studies, 1980.

americana, molti si impegnano nella lotta per forgiare un'identità positiva e gettare un ponte tra passato e presente. Il destino della popolazione italoamericana è tuttora molto incerto. Dalla stessa comunità italoamericana dipenderà, in gran parte, la creazione di un'infrastruttura di istituzioni ed organizzazioni atte a definire e a mantenere un'identità etnica per evitare un destino che vuole l'italoamericano completamente assorbito nell'anonimo ceto medio statunitense.

5.2 *Il successo, la mobilità sociale e l'influsso sulla cultura statunitense*

Negli anni tra le due guerre, gli italoamericani acquisirono anche un grandissimo successo in campo cinematografico, nella musica popolare, nello sport e in altri campi di intrattenimento. La star più famosa dell'epoca del film muto fu senza dubbio Rudolph Valentino. Il suo aspetto fisico così tipicamente mediterraneo e latino e le passionali scene d'amore nel suo film più memorabile, *The Sheik* (1922), rivoluzionarono l'industria cinematografica, ed ebbero un impatto notevole sulla cultura americana. La scena in cui Valentino trascina per i capelli Agnes Ayers dentro la tenda per soddisfare il suo focoso temperamento latino fece impazzire il pubblico, specie quello femminile. Non si era vista mai una scena d'amore così forte prima di allora. I giovani provarono ad imitare Valentino nell'apparenza e nelle tecniche di seduzione. Nel 1926, nel momento di massima popolarità e successo, l'attore fu colto da un attacco di peritonite, mentre si trovava a New York City. In seguito ad una operazione di emergenza morì all'età di trentuno anni. Hollywood cercò per invano per anni un altro personaggio simile. Russ Colombo, un altro avvenente italoamericano dei primi anni trenta, ebbe un discreto successo sia come attore che come cantante. Ancora una volta una promettente carriera fu stroncata tragicamente da una disgrazia quando Colombo fu protagonista di un incidente mortale durante una battuta di caccia. Alla fine degli anni trenta Frank Sinatra, un cantante di indiscutibile talento, cominciava la sua lunga e straordinaria carriera.

Un'attività che vide gli italoamericani protagonisti, e che diede loro la possibilità di emergere socialmente, fu lo sport che dagli anni venti in poi assunse un ruolo fondamentale nella società statunitense. Il pugilato fu lo sport che attirò in misura maggiore i giovani italoamericani desiderosi di riscatto. Il più grande campione fu senza dubbio Rocky Marciano. Nacque a Brockton, Massachussets, nel 1923, figlio di immigrati abruzzesi di Ripa Teatina. Suo padre scelse di emigrare negli Stati Uniti per fare il ciabattino. Il figlio arrivò tardi al pugilato, facendo prima mille mestieri diversi: il lavapiatti, il pasticciere, l'imbottigliatore di birra, e lo spalatore. Esordì da professionista a ventiquattro anni, in tempo per cancellare tutti i campioni del mondo pugilistico. Fu considerato l'atleta più forte mai visto in circolazione, con un curriculum di 49 incontri, tutti vinti, di cui ben 43 prima del limite. Non era un picchiatore in senso classico, ed altri più di lui hanno vantato il pugno assassino che risolve il match con una botta sola. Ma Rocky era un "bulldozer" che demoliva tutta la scena, avanzava senza sosta, scaricando una quantità impressionante di pugni sui poveri avversari. Lo accompagnava una brutalità che poteva evocare le scene di una corrida. Morì il 31 agosto del 1969 in un incidente aereo, ma è ricordato come uno dei più grandi, se non il più grande in assoluto, campioni di tutti i tempi.

Gli italoamericani, che già erano si erano messi in evidenza nella boxe, durante gli anni venti e trenta ottennero un notevolissimo successo in quasi tutti gli altri sports. Nel golf, raggiunsero una discreta affermazione giocatori come Henry Ciuci, Johnny Revolta, Joe Turnesa, e Tony Manero, che nel 1936 vinse l'American Open con il punteggio più basso mai ottenuto in qualsiasi torneo dell'epoca. Ma il più famoso golfista italoamericano fu senza dubbio Gene Sarazen, che durante la sua lunga e grandiosa carriera vinse due campionati open d'America, tre campionati professionistici, e il British Open. Nel 1932 vinse sia l'American che il British Open. Il suo colpo più spettacolare era il "double eagle" che, secondo il giornalista sportivo Dave Anderson che scrisse nel 1982 sul New York Times un articolo declamando le doti di questo eccezionale giocatore, può essere considerato il colpo più spettacolare della storia del golf.

Nel football americano la grande squadra di Notre Dame del 1928 era guidata dal fortissimo *quarterback* Frank Carideo e dal potente *fullback* "jumping Joe" Savoldi che qualche anno più tardi diventerà anche un affermato lottatore professionista. Carideo fu anche convocato nella selezione americana nel 1929 e nel 1930. Ma non fu il primo italoamericano a guadagnarsi questo onore. Il primo in assoluto fu Mike Getto, giocatore della Università di Pittsburgh, scelto nel 1928. Negli anni trenta le liste delle selezioni nazionali americane di football furono piene di nomi italoamericani, tra i quali John Orsi nel 1931, Angel Bovelli nel 1932, Charles Ceppi nel 1933, Nello Falaschi nel 1935, Tony Matisi e Ed Franco nel 1937, Bill Daddio e Vic Bottari nel 1938 ecc. Tra i giocatori più famosi, che raggiunsero la celebrità nel football (uno degli sport più popolari in assoluto degli Stati Uniti), possiamo ricordare Vince Lombardi, il quale fu uno dei migliori giocatori professionistici della lega tra gli anni trenta e quaranta e diventò allenatore di successo nel dopoguerra, e quattro giocatori (George Musso, Aldo Forte, Gary Famiglietti e Joe Maniaci) che fecero parte della grandissima squadra dei Chicago Bears che dominò i campionati a cavallo tra gli anni trenta e quaranta.

Sempre in questo periodo l'italoamericano Hank Luisetti rivoluzionò il gioco del basket introducendo l'innovazione del tiro con una sola mano.[111]

Luisetti proveniva dalla comunità italiana di San Francisco, che fu il luogo di nascita di tre dei più rilevanti giocatori di baseball dei "New York Yankees": Tony Lazzeri, Frank Crosetti, e l'incomparabile Joe Di Maggio. Lazzeri negli anni venti fu il primo ad unirsi agli Yankees seguito da Crosetti alcuni anni dopo. Insieme formarono una coppia di gioco eccezionale. Di Maggio fu uno dei più grandi, se non il più grande in assoluto, dei giocatori professionistici di baseball. Nella sua carriera realizzò una serie impressionante di record che ancora oggi non sono stati eguagliati o battuti. Di Maggio diventò il più grande eroe sportivo della sua epoca, non semplicemente per quello che fece, ma anche per come lo fece. Dentro il campo di gioco anche le cose

---

[111]   L. Fox, *Illustrated History of Basketball*, New York, 1964, p.67, citato in H.S. Nelli, *From Immigrants..cit.,*p.165.

più difficili e impossibili gli risultavano semplici, e nella vita privata per molti fu un esempio di modestia, di trasparenza e di onestà. Non fu un fatto sorprendente, quindi, quando nel 1975 il giornalista sportivo Maury Allen pubblicò un bestseller dal titolo: *Where Have You Gone Joe Di Maggio ?* e aggiunse nel sottotitolo "The Story of America's Last Hero"[112]

Rispetto al grande successo ottenuto negli sports, nell'intrattenimento, e in altri campi, gli italoamericani faticarono a guadagnarsi l'accesso alle cariche politiche.

 Per la gran parte degli italoamericani, la possibilità stessa della partecipazione alla vita politica si presentò soltanto dopo l'arrivo negli Stati Uniti, visto che i grandi flussi migratori si esaurirono contemporaneamente all'introduzione del suffragio universale maschile in Italia.

Quando divenne formalmente possibile partecipare attivamente alle vicende politiche degli Stati Uniti, gli italoamericani si dimostrarono molto meno attivi degli irlandesi o dei tedeschi. Ad esempio la presenza irlandese nel partito democratico fu enorme e significò il controllo sistematico di vere e proprie macchine elettorali. Non vi fu un massiccio voto etnico degli italiani, e, soprattutto nei primi anni, data la natura del tutto facoltativa del voto negli Stati Uniti, molti italiani non risultavano nemmeno iscritti nelle liste elettorali. Il primo deputato americano di origine italiana fu Francis B. Spinola. Venne eletto nel 1887 in un collegio di New York e partecipò a due legislature. Il primo grosso personaggio che impose la sua presenza politica sia a livello federale che statale fu Fiorello LaGuardia, che venne eletto nel Congresso nel 1916.

---

[112]   " La storia dell' ultimo eroe d'America".

Nel suo credo politico si riscontrò una forte componente progressista, che risultò in modo evidente nella sua attività di sindaco di New York. Eletto per la prima volta nel 1933, fu confermato per ben tre volte anche senza contare su di un unanime sostegno italoamericano.

La Guardia servì la città di New York con grande impegno e capacità, ma non fu il primo italoamericano a diventare sindaco di una grande città americana. Nel 1931 infatti Angelo Rossi divenne sindaco di San Francisco. Figlio di un immigrato genovese, Rossi nacque nel 1878 nella città mineraria di Volcano, California. Suo padre morì quando lui aveva sei anni, e sei anni dopo il giovane, insieme alla madre e sei tra fratelli e sorelle, si trasferì a San Francisco. Angelo cominciò a lavorare come facchino per una attività di distribuzione di fiori. Nel 1902, aveva già accumulato abbastanza denaro per entrare a far parte degli azionisti della compagnia, diventandone in seguito il solo proprietario, e ribattezzandola "The Angelo Rossi Floral Company".

Rossi iniziò la sua carriera politica nel 1914 quando fu eletto nella San Francisco Playground Commission, occupò poi molti posti di responsabilità come funzionario amministrativo e nel consiglio di amministrazione della città fino al 1929 quando fu nominato presidente della Commissione Finanza.

Il primo gennaio del 1931, il consiglio di amministrazione lo chiamò a sostituire il sindaco dimissionario James Rolph. Negli anni seguenti fu confermato sindaco per 13 anni, il secondo periodo più lungo di amministrazione di un sindaco della storia della città.

Nel 1936 un altro italoamericano Robert Maestri divenne sindaco di New Orleans. Di padre italiano e madre francese, Maestri nacque nella capitale della Lousiana nel 1889. Nel 1920, dopo una esaltante carriera in campo commerciale, fu ritenuto uno degli uomini più ricchi di New Orleans.

 Una seconda e più importante fase di integrazione politica degli italoamericani avvenne nel secondo dopoguerra. Tra i molti esempi possiamo citare John Pastore, che fu eletto governatore del Rhode Island nel 1946, e successivamente senatore. Nel 1950, tutti e tre i candidati alla poltrona di sindaco di New York erano di origine italiana, ed al tempo stesso la leadership dell'organizzazione elettorale del partito democratico della città era stata assunta da un italoamericano, Carmine De Sapio. Nel 1962 il presidente J.F. Kennedy nominò ministro per l'istruzione, la sanità e l'assistenza sociale Anthony Celebrezze, che divenne così il primo ministro di origine italiana. Dopo gli anni sessanta la presenza italoamericana nella politica statunitense a tutti i livelli è diventata una costante, ed alcune realtà locali esprimono stabilmente da anni una guida politica italoamericana; è il caso del New England, dove, con la sola eccezione di Boston, tutte le maggiori città avevano nel 1980 sindaci di origine italiana.[113] Nel 1985, tre senatori, due governatori (Cuomo a New York, e Celeste nell'Ohio), e oltre venti deputati erano di origine italiana. E' necessario sottolineare che gli americani di origine italiana non hanno mai assegnato, e probabilmente non assegneranno mai alla appartenenza etnica un ruolo determinante nel momento della scelta politica. Infatti gli italoamericani possono votare su base

---

[113]   P. Gastaldo, "Gli americani di origine italiana: chi sono, dove sono, quanti sono", in AA.VV., *La popolazione di origine italiana degli Stati Uniti*, cit. p. 180.

etnica quando si tratta di elezioni locali, ma votano prevalentemente considerando gli interessi di classe e personali, valutando le affiliazioni e le affinità ideologiche in sede di elezioni presidenziali, senatoriali e congressuali. Così gli italoamericani ottengono riconoscimenti politici e cariche pubbliche non per la loro origine etnica, ma soprattutto grazie alle loro qualità individuali e alle loro posizioni su temi politici concreti.

Numerosi italoamericani hanno raggiunto un successo economico e sociale sbalorditivo; bastai pensare a Lee Jacocca che è stato presidente della Chrysler ed autore di una autobiografia che nel 1985 è stata in testa alla classifica dei libri più venduti negli Stati Uniti, a Peter Dominici che è stato presidente della commissione economica del Senato o a Geno Paolucci, magnate dell'industria alimentare e dei surgelati.

Questa massiccia presenza di italoamericani ai vertici della nazione, è la logica conseguenza di un progetto di evoluzione dei gruppi etnici, in un paese libero, dove niente è precluso a coloro che portano contributi sostanziali allo sviluppo e al bene comune. Nella libertà e nella democrazia americana, l'evoluzione degli italoamericani segue, in ordine di tempo, quella di altri gruppi etnici che attraverso i diversi periodi storici si sono collocati nella realtà americana. Questo grande successo che persiste ormai da diversi anni, è il premio alla dura e concreta attività che gli italoamericani hanno svolto in tutti i settori della società e dell'economia degli Stati Uniti.

5.3 Gli italoamericani oggi

Nell'esaminare la popolazione di origine italiana attuale e la sua localizzazione, faremo riferimento al grande censimento demografico del 1980. Se si considerano i cittadini americani nati in Italia, i nati in America da genitori nati in Italia, e i non cittadini di provenienza italiana (aliens); individui quindi di prima e seconda generazione, la somma, negli anni settanta, superava i cinque milioni di persone.[114] Comunque, come abbiamo già osservato dai dati storici sulla immigrazione italiana, la grande massa degli arrivi si concentrò fra il 1880 e il 1920. E' evidente, quindi, che i discendenti di questi emigrati apparterranno alle terze, quarte e quinte generazioni che non sono prese in esame nelle statistiche ora citate.

Il censimento del 1980 pose una domanda specifica rivolta a tutta la popolazione sull'origine etnica. Si trattava di una domanda che poteva ammettere una risposta multipla; gli intervistati potevano infatti citare anche tre o più gruppi come costituenti la propria eredità etnica.

Su 226 milioni di americani, 188 si sono identificati etnicamente. 118 milioni hanno identificato un solo gruppo di appartenenza etnica, mentre settanta milioni avevano appartenenze multiple.

Gli italoamericani che hanno citato l'origine italiana come una delle componenti della propria eredità erano circa 12.180.000, il 5.4% del totale della popolazione.[115]

---

[114]   Cfr. P. Gastaldo, *op.cit.*, p.150.

L'origine italiana è collocata al sesto posto nella classifica di rappresentanza dei vari gruppi etnici presenti negli Stati Uniti, dopo l'inglese (50 milioni), la tedesca (49 milioni), l'irlandese (40 milioni), l'africana (21 milioni) e la francese (13 milioni).

Oggi circa il 75% degli italoamericani è concentrato nei cinque maggiori stati del Nord-Est, mentre il Middle West che include aree a forte presenza italiana come Chicago si pone al secondo posto. L'Ovest e il Sud non riscontrano tuttora una concentrazione italiana significativa.

In questi ultimi anni si è assistito al fenomeno della dispersione territoriale. Gli italoamericani, così restii ad abbandonare le comunità, e gli stati ad alta densità di popolazione di origine italiana, stanno gradualmente disperdendosi attraverso la nazione. La causa può essere ricercata nella sempre maggiore tendenza endogamica riscontrata all'interno del gruppo etnico. L'origine mista indebolisce, infatti, il legame con determinati insediamenti connotati etnicamente favorendo la dispersione territoriale; ma d'altro canto anche la mobilità territoriale rende più semplici i contatti con ambienti differenti da quelli originari accrescendo a sua volta le tendenze esogamiche.

Il passare degli anni e delle generazioni fa sì che la distribuzione sul territorio degli italoamericani si allontani sempre più dalle tendenze originarie, legate agli anni dei grandi esodi, per avvicinarsi crescentemente alla media della popolazione americana. Questo contribuisce a ridurre la durata nel tempo delle caratteristiche socioculturali del gruppo etnico italoamericano. Comunque la concentrazione notevolmente elevata nel Nord-Est e la ancora modesta mobilità dimostrata fanno presagire che per

---

[115] *Ivi*, p.151.

diversi anni gli americani di origine italiana saranno concentrati prevalentemente in quest'area.

Oggi, possiamo individuare due modelli di italoamericano. Il primo è riscontrabile in quelle persone (appartenenti in gran parte alla seconda generazione) che ad una socializzazione familiare in parte inspirata ad abitudini, valori, norme di origine italiana, accompagnate da una socializzazione esterna di stampo americano. Questi individui, sono quelli che più frequentemente possono vivere tra una famiglia che impersona la continuità della tradizione etnica ed una società in cui non mancano le forze che spingono alla uniformità, alla assimilazione, e all'integrazione passiva. Sono persone che non si trovano pienamente a loro agio nè con il patrimonio culturale di origine nè con quello della società di arrivo. In questa situazione particolare si aprono due opposte prospettive per gli appartenenti al gruppo etnico italoamericano: da una parte la soppressione dell'identità di origine a favore di una completa e totale accettazione del *mainstrem* americano, dall'altra lo sviluppo di quegli atteggiamenti che sono stati definiti come "etnocentrismo sciovinistico". La stragrande maggioranza degli italoamericani si trova oggi in questa situazione; ma esistono molte possibilità che possono far pensare ad una non perfetta similitudine nè con l'uno, nè con l'altro modello. L'ambiente sociale statunitense attualmente esercita minori pressioni riguardo l'assimilazione incondizionata. Il risveglio etnico degli anni sessanta e settanta e i continui dibattiti sull'etnicità hanno lasciato il segno anche a livello di legislazione in materia scolastica, e di industria culturale, esistendo ormai notevoli forze istituzionali che premono in direzione di un maggiore pluralismo culturale.

Il secondo tipo di italoamericano o americano di origine italiana, è riscontrabile in quegli individui che non hanno più problemi di inserimento materiale e di disorientamento culturale.[116] E' un cittadino americano, nato negli Stati Uniti, ed educato da istituzioni totalmente americane; parla esclusivamente inglese, e se vuole imparare l'italiano deve farlo in scuole speciali. E' molto raro che faccia parte di associazioni italoamericane. Nella grande maggioranza dei casi (secondo alcuni studi, il 65%), le sue origini etniche non sono esclusivamente italiane, in quanto la famiglia di origine deriva da un matrimonio misto (prevalentemente italo-irlandese, italo-tedesco o italo-polacco).[117]

La sua identità etnica (ammesso che il concetto possa ancora applicarsi in questi casi), sarà solamente una questione strettamente individuale, filtrata soprattutto dall'immaginario sociale, piuttosto che stabilmente modellata da una costante continuità di trasmissione culturale.

In molti casi sono proprio questi americani di origine italiana i più fanatici assertori di una nuova etnicità.

Questo non perché sia più italiano delle generazioni precedenti (infatti è il più americano), ma soprattutto perché i suoi maggiori mezzi culturali, e la mancanza di imbarazzo per il proprio retroterra familiare contribuiscono a rendergli meno pericoloso e più stimolante l'inserimento nel proprio patrimonio di appartenenze socioculturali una specifica identità etnica.

La mobilità territoriale degli italoamericani, sia pure molto graduale, e la sostanziale cessazione di rilevanti nuovi arrivi

---

[116]   S. Tomasi, *Perspectives in Italian Immigration and Ethnicity*, New York, Center for Migration Studies, 1977., p. 108.
[117]   R. Alba, *Italian Americans: into the Twilight of Ethnicity*, Prentice - Hall, Englewood Cliffs, 1984, p.76.

dall'Italia hanno ridotto fortemente le possibilità che in un futuro prossimo mantengano delle forti connotazioni etniche che possano garantire una continuità nei processi di trasmissione culturale. La fine delle Little Italies determinerà la scomparsa di una rilevante fonte d'identità collettiva degli italoamericani. Inoltre, l'esogamia crescente renderà sempre più raro, per le nuove generazioni, il fatto di avere alle spalle famiglie omogeneamente italoamericane, comportando un inevitabile ridimensionamento del canale familiare di trasmissione dell'identità culturale. In questi ultimi anni, stanno venendo meno anche le motivazioni politiche che comportano un'attività collettiva di difesa dell'identità di fronte alla minaccia dell'estinzione culturale. L'identità italoamericana non ha infatti, a differenza di quella ebraico-americana, ragioni di ordine internazionale che suggeriscano una forte solidarietà di gruppo su degli obiettivi politici. La discriminazione nei confronti degli italoamericani è oggi, nel 1996, sostanzialmente finita, e la sopravvivenza di stereotipi negativi non si è rivelata di per sè un sufficiente elemento di coesione politica del gruppo; essa può anzi avere indotto molti individui a distanziarsi da un'identità etnica scarsamente apprezzata in sede pubblica.

Gli italoamericani non sono comunque un caso unico. Altri gruppi etnici sono soggetti a questi problemi e questioni avendo compiuto un percorso analogo. Insieme continuano a cercare di costruire una società pluralistica che offra opportunità a tutti i gruppi etnici senza privarli della loro specificità.

CAPITOLO VI

L'immagine dell'italoamericano nella cinematografia statunitense

6.1 Gli italoamericani e il cinema

Gli studi e le ricerche sulla presenza e sull'immagine del gruppo etnico italoamericano nella storia del cinema statunitense sono ancora ad uno stadio iniziale, specie se si considerano l'importanza ed il ruolo fondamentale assunti dagli americani di origine italiana nello sviluppo della cinematografia Hollywoodiana. Fra le opere più significative a proposito - che ho in gran parte utilizzato per la stesura di questo capitolo - sono da ricordare lo studio di M.J. Afron del 1977, quello di E. Rosow del 1978, quello di C. Clarens del 1980 e il saggio di C. E. Cortés del 1988.[118]

 Durante le prime due decadi dell'era del cinema muto, gli italoamericani insieme con altri gruppi emigrati europei, divennero uno dei soggetti più usati nelle sceneggiature. In generale, molti film dell'epoca ritraevano gli immigrati europei in termini scherzosi come persone con strani, bizzarri e giocosi modi di fare che potevano essere curati con una dose appropriata di "americanizzazione." Infatti il messaggio comune di questi primi film sugli immigrati era quello di come imparare ad essere americani.

Nei primi film che ritraevano gli immigrati italiani come *Eleventh House, The Organ Grinder* (1909), *Tony America* (1918) ed altri cortometraggi minori, la comicità e l'ironia avevano un ruolo predominante, ma già in *The Italian* (1914) si affermavano la serietà e la drammaticità delle vicissitudini del povero immigrato. In questa opera, per esempio, una coppia di immigrati italiani lotta aspramente per costruirsi una nuova vita nel Lower East

---

[118] M.J. Afron, *The Italian American in American Films, 1918-1971*, Italian Americana, N.3 (primavera/estate), pp. 233-35,1977; E. Rosow, *Born to Lose: The Gangster Film in America*, New York, Oxford University Press, 1978; C. Clarens, *Crime Movies: From Griffith to the Godfather and Beyond*, New York, Norton,1980; C.E. Cortés, " Italian-Americans in Film: From Immigrants to Icons", in AA.VV., *Italian-American Literature*, Melus, V.14, n. 3/4,1988 pp. 106-125. Per la bibliografia di opere ed articoli che trattano il tema degli italoamericani nel cinema e nella televisione si veda: A.L. Wool e R. M. Miller, *Ethnic and Racial Images in American Film and Television: Historical Esseys and Bibliography*, New York, Garland,1987.

Side di New York, ma i loro sforzi finiscono in tragedia quando il loro bambino si ammala e muore perché privato, a causa delle ristrettezze economiche, delle medicine e del cibo necessario per le cure. Film come *The Italian* fecero conoscere al pubblico la parte più profonda dell'esperienza dell'immigrato, fatta di degrado, miseria, sfruttamento, e pregiudizi sociali, ma che poteva essere alleviata dalla speranza di diventare americani, e dalla società che a volte poteva essere generosa concedendo la possibilità di successo e di mobilità sociale. Infatti il tema del sogno americano e del successo venne trattato in film come *Lombardi, Ltd.* (1919), nel quale il sarto Tito Lombardi consegue fama e successo, o nella commedia *My Cousin* (1918), dove il grande tenore Enrico Caruso interpreta il doppio ruolo di due cugini: un cantante lirico e uno scultore che, nonostante gli stenti iniziali, si affermano nelle due distinte professioni.

Il ritratto giocoso, ironico, ma a volte anche serio degli italoamericani e degli altri immigrati europei nei primi anni dello sviluppo cinematografico statunitense contrastò nettamente con la rappresentazione sullo schermo di altri gruppi etnici quali i neri, i messicani, gli indiani e gli asiatici, ritratti sempre come selvaggi, sanguinari, incivili e non americanizzabili. Banditi messicani, indiani assetati di sangue, impenetrabili spacciatori asiatici, insieme a neri brutali e violenti sia sessualmente che fisicamente, divennero figure comunissime del grande schermo. Gli italoamericani in questo periodo parteciparono raramente a questa sorta di deviazione sociale proposta dal cinema; almeno fino all'inizio degli anni '30 quando, con l'affermazione del crimine organizzato, divennero quasi tutti nell'immaginario collettivo della nazione spietati gangsters.

L'avvento del sonoro nel cinema alla fine degli anni '20 e la grande depressione rivoluzionarono l'industria cinematografica hollywoodiana. Attraverso il dialogo, la musica, e l'uso di effetti, i film innalzarono a dismisura la capacità di impatto sullo spettatore, e nello stesso tempo la depressione economica costrinse Hollywood a descrivere i drammatici cambiamenti sociali in corso. Gli italoamericani, in molti di questi film, interpretarono un ruolo primario, specialmente nei drammi sociali.

L'esplosione del crimine organizzato immediatamente attirò l'attenzione dell'industria cinematografica americana, da sempre molto sensibile a questo particolare problema. Dopo tutto "crimine" vuol dire conflitto, e il conflitto ha sempre attratto il pubblico. Ma con la depressione, l'attrazione di Hollywood per il crimine si focalizzò sul problema specifico del gansterismo, in particolare il gansterismo etnico, reputato da molti il termometro dei mali della nazione.

Nel trattare la questione, Hollywood prese in esame tre gruppi etnici: i cinesi-americani in film come *Chinatown Nights* (1930) e *The Mysterious Mr. Wong* (1935); gli irlandesi-americani in *Public Enemy* (1931), e *The Roaring Twenties* (1939); e più specificatamente ed estesamente gli italo-americani. Infatti i gangsters italoamericani divennero la personificazione cinematografica dei fallimenti sociali americani, e della crisi sempre più evidente del sogno americano.

Delusi dai loro continui sforzi nel tentativo di afferrare l'*American Dream*, i personaggi cinematografici italoamericani si avventurano per vie illegali alla ricerca dell'orgoglio perduto, del potere e del benessere.

Guidati da due figure emblematiche come l'attore Edward G. Robinson, che interpretò la parte del criminale Enrico Bandello in *Little Caesar* (1930) di LeRoy Mervyn, e Paul Muni che fu Antonio Camonte in *Scarface* (1932) di Howard Hanks, gli italoamericani divennero la rappresentazione emblematica dei gangsters. *Little Caesar* può essere considerato l'archetipo di tutti i *gangster-movies*, senza dubbio il più rappresentativo, esemplare nel ritmo e nella descrizione del protagonista: un bullo di periferia goffo ed ignorante, inarrestabile però nella sua determinazione di arrivare, con ogni mezzo, il più in alto possibile nella scala sociale.

Tra gli anni trenta e quaranta decine e decine di film proposero come soggetto il tema dell'italoamericano criminale, dalle serie vicende di *Night Ride* (1931) che narra le avventure di Tony Garotta, rapinatore di banche e omicida incallito, e di *Blue Orchid* (1940) che racconta la storia del malvivente "Little John" Sarto, alle ironiche peripezie del contrabbandiere Remy Marco in *A Slight Case of Murder* (1938), e alla comicità imbarazzante del boss incompetente Gordoni in *Manhattan Merry-Go Round* (1938).

Questa diffusa celebrazione visiva del criminale italoamericano stabilì uno schema consolidato verso il quale produttori e registi hanno continuato a rivolgersi fino ai giorni nostri. Inoltre, questi criminali italoamericani incarnavano molto di più della intrinseca (implicitamente genetica) malvagità dei banditi messicani e della ferocia degli indiani.

Gli italoamericani nei film sono stati sì ritratti violenti, spontanei e spesso avidi e desiderosi di impiegarsi in attività illegali per emergere, ma in molti casi essi apparivano anche vittime, o rappresentanti delle numerose contraddizioni presenti nella società americana. Spesso erano sia vittime che carnefici, prova edificante di come persone normali potessero scegliere un'attività criminale se ostacolate nella ricerca della propria identità e nel tentativo di migliorare le proprie condizioni di vita. Comunque il classico avvertimento *"crime does not pay"* [119] posto alla fine di molte pellicole suggeriva chiaramente che l'imitazione di tale modello era caldamente sconsigliata.

Non tutti i lungometraggi sugli italoamericani, però, proposero il tema ossessivo della violenza e della criminalità. Alcuni personaggi cinematografici risultarono cittadini rispettabili, per bene e osservanti della legge, come nella versione cinematografica di *Golden Boy* (1939) di Clifford Odets, e in *They Knew What They Wanted* (1940) di Sidney Howard dove Antonio Patucci si guadagna rispetto ed ammirazione lavorando duramente come viticoltore a Napa Valley in California e sposandosi con una ragazza americana di origine anglosassone. Il matrimonio interetnico proposto nel film sta a simboleggiare oramai la piena accettazione da parte della società di tale evento.[120]

Questo nuovo riconoscimento integrazionistico emerse in altri film degli anni trenta come, ad esempio, *Kid Galhad* (1937), dove il corrotto manager pugilistico Nick Donati cerca di ostacolare il nascente amore tra la sua giovane sorella e il pugile emergente Ward Guisenberry (Kid Galhad). Quando Donati muore, ucciso in uno scontro a fuoco con un manager rivale, i due giovani si sposano esemplificando una vicenda a lieto fine, completa del messaggio pro-integrazione.

---

[119] "Il crimine non paga".
[120] Per matrimonio interetnico si intende qui l'unione tra due individui di razza <u>bianca</u> non apparteneti allo stesso gruppo etnico.

Sebbene nella storia cinematografica Hollywoodiana i film sugli italoamericani siano stati quasi esclusivamente incentrati su figure maschili, durante gli anni '30 le donne cominciarono ad intensificare la loro presenza sugli schermi. L'immagine che ne risultò, anch'essa fortemente stereotipata e categorizzata, fu quella di una figura femminile incapace di parlare un inglese corretto, che rimprovera e picchia i figli in pubblico, e protettiva fino all'inverosimile.

Durante la seconda guerra mondiale, con gli Stati Uniti impegnati al fronte, l'industria cinematografica produsse tutta una serie di film di propaganda cercando di richiamare più gente possibile alle armi. Divenne uno standard consolidato il fatto di inserire in ogni film una specie di mosaico etnico combattente con almeno un soldato polacco-americano, uno ispanico-americano, uno irlandese-americano, uno ebreo-americano e, naturalmente, uno italoamericano. Ma in termini di immagine, gli italoamericani dovettero fare i conti con lo schieramento dalla parte opposta della barricata dell'Italia fascista. Mentre servivano con dedizione ed eroismo gli Stati Uniti, l'esercito italiano gli si opponeva contro. Ma, secondo Hollywood, l'opposizione italiana fu ridicola, niente in confronto alla potenza militare tedesca o giapponese, e i soldati italiani vennero ritratti nei film in modo pomposo, stupido, quasi tutti ignoranti, incompetenti e codardi (abili solamente nel cantare canzoni italiane come nel film del 1943, *Five Graves to Cairo*).

Con la fine della guerra, dalle vicende che incarnavano il male, personificato nel nazismo e nel fascismo, Hollywood passò a rivolgere la sua attenzione ai problemi interni del paese, ed in particolare a quei problemi come la discriminazione razziale, il pregiudizio etnico, l'uguaglianza e la giustizia sociale. L'industria cinematografica focalizzò l'attenzione sui problemi razziali dei neri (*Pinky*-1949), degli ispanici (*A Medal for Benny*-1945), degli indiani (*Broken Arrow*-1950) e degli asiatici (*Bad Day at Black Rock*-1954). Ma i produttori e i registi esprimevano preoccupazione anche per i pregiudizi e il bigottismo ancora presente verso gruppi etnici bianchi come gli ebrei (*Crossfire*-1947), e i polacchi (*Saturday's Hero*-1951). Anche gli italoamericani naturalmente ricevettero attenzione.

 Un esempio da citare è sicuramente il toccante *Give Us This Day* (1949), basato sul famoso romanzo autobiografico *Christ in Concrete* di Pietro di Donato, che narra della lotta di una determinata famiglia italoamericana contro le schiaccianti differenze sociali presenti nella comunità americana. Il film può essere considerato come una delle più acute e sensibili rappresentazioni dell'esperienza italoamericana. La storia inizia negli anni '20 quando Geremio, un abile muratore, e sua moglie, appena immigrata, lottano per lasciare l'affollato e per molti versi invivibile quartiere di Little Italy a New York e coronare il sogno di comprare una casa a Brooklyn. Giorno per giorno, risparmiando e facendo economia, Annunziata cerca di accumulare i 500 dollari che servono per trasferirsi. L'arrivo di tre figli rallenta i loro sforzi, ma per mezzo di una grande parsimonia la donna riesce a mettere insieme 495 dollari, quando improvvisamente l'avvento della grande depressione assesta loro un colpo devastante. Geremio perde il lavoro e non riesce a trovarne un altro. I loro risparmi diminuiscono rapidamente. A Geremio viene offerto un impiego come capo-reparto in una impresa edilizia, ma c'è una trappola in agguato. Per ottenere il contratto di lavoro, l'imprenditore ha dovuto ridurre drasticamente le misure di sicurezza. Turbato e diviso tra la disperazione per la sua situazione familiare e la realtà di mettere in pericolo la vita degli operai, Geremio, riluttante accetta il lavoro e convince i suoi amici a seguirlo, ma la tragedia è imminente. Un operaio subisce un infortunio e resta invalido, e subito dopo Geremio durante un cedimento strutturale muore sepolto vivo nel cemento fresco gridando il nome della moglie. Un'inchiesta successiva del governo ricompenserà Annunziata con mille dollari ed un assegno mensile per i suoi tre figli. Sopraffatta dal dolore dirà ad un amico: "alla fine Geremio ci ha comprato la casa."

 In contrasto con *Give us This Day*, nella maggior parte dei film dedicati agli italoamericani Hollywood combinava un certo tipo di esplorazione sociale con il classico tema della criminalità. In *Knock on Any Door* (1949), il giovane Nick Romano rientra pienamente nella tradizione consolidata del killer italiano. In ogni modo il film tende a mettere in luce che la scelta di Romano di seguire la via del crimine è dovuta in parte a circostanze sociali oppressive. Nel processo finale, l'appassionata difesa del suo avvocato è tutta incentrata sulle condizioni sociali proibitive che hanno segnato il destino del giovane, ma se l'effetto sul pubblico è notevole, non lo è altrettanto per la giuria che condanna Romano alla pena capitale. Anche in *The Young Savages* (1961), i giovani Anthony Dipasto e Danny Dipaci, membri di una banda giovanile di New York, affrontano un processo, accusati di aver ucciso un giovane ragazzo portoricano cieco. Ma durante il dibattito si scopre che il ragazzo portoricano era uno dei capi di una banda che aveva picchiato selvaggiamente i due italiani.

Inoltre il procuratore di origine italiana Hank Bell (il cui cognome italiano era Bellini), che da giovane era stato coinvolto nella vita di strada, lancia un duro attacco contro le istituzioni e le condizioni sociali che pregiudicano il futuro di molti ragazzi. Comunque la maggior parte dei film aventi per soggetto il crimine italoamericano non evidenziarono, se non molto superficialmente, i problemi reali del gruppo etnico.

Le atrocità commesse dal poliziotto corrotto Johnny Digarmo in *The Lady of the Lake* (1946), le prepotenze e i ricatti di Bill Fico in *Force* of *Evil* (1948), o i crimini del gangster Tami Giacoppetti in *Detective Story* (1951) non furono mitigati in alcun modo dalle sfavorevoli circostanze ambientali. Altri personaggi italoamericani crudeli e delittuosi furono rappresentati in film come *Kiss of Death* (1947), che mostra le vicende del killer psicopatico Tom Udo, *Key Largo* (1948), che racconta la storia del sadico capobanda malavitoso Johnny Rocco, e *The Long Wait* (1954) che espone molto dettagliatamente i ricatti e le crudeltà dell'italoamericano Servo.

Questi personaggi criminali, drammatici, ma anche affascinanti, non solo diventarono un' istituzione fissa e una continua sorgente di nuove storie, ma anche il modo con il quale attori e registi potevano facilmente raggiungere la celebrità. Non a caso Edward G. Robinson ottenne un discreto successo interpretando la parte del ganster italoamericano in nove film.

I lungometraggi del dopoguerra, partendo dal formato base del gangsterismo, aggiunsero numerose variazioni al tema; ma principalmente il filone che si sviluppò fu quello ancora inesplorato delle connessioni tra il crimine organizzato italoamericano e quello di altri paesi (Italia in primo luogo) come in *Black Hand* (1950), *The Brothers Rico* (1957), *Inside the Mafia* (1959), e *Pay or Die* (1960). Questi film non solo rinforzavano l'immagine tradizionale del gangster apparsa nei già citati *Little Caesar* e *Scarface*, ma aggiungevano una nuova dimensione immaginaria alle associazioni criminali italoamericane che venivano dipinte molto più grandi di quanto non fossero in realtà, meglio organizzate, e legate indissolubilmente con la criminalità internazionale, specie quella italiana.[121]

Ma fortunatamente le attività criminali non monopolizzarono del tutto i film aventi per soggetto gli italoamericani. Nei primi anni cinquanta, sensibili e simpatici personaggi italoamericani raggiunsero un incredibile successo. Nel 1953, Frank Sinatra vinse l'Oscar per l'interpretazione di Angelo Maggio nella versione cinematografica di *From Here to Eternity* di James Jones. Rumoroso, fragile, ma anche leale e benevolente (tranne quando viene chiamato "wop" dal sadico Sergente Fatso Judson), Maggio emerge come la classica versione riciclata, ma molto più personalizzata, del soldato italoamericano nei film sulla seconda guerra mondiale. Nel 1955, due Oscar furono assegnati ad attori che interpretavano personaggi italoamericani. Ernest Borgnine per la sua interpretazione di Marty Piletti, un amabile ma solitario macellaio di New York. Il film, diretto da Paddy Chayesky, fa immergere completamente lo spettatore nell'ambiente culturale italoamericano. Il quadro complessivo, eccetto il personaggio di Marty, è comunque incentrato sui lati negativi della tradizione e dell'immagine italoamericana. Marty è il ritratto dell'uomo premuroso, profondo e sensibile, ma è circondato da

---

[121] Eugene Rosow, *op.cit.* pp. 51-79.

italoamericani molto meno meritevoli di ammirazione: un cugino polemico con una moglie brontolona, degli amici incapaci, e una madre possessiva che rivela il suo bigottismo quando si oppone all'amicizia di Marty con una ragazza italoamericana non cattolica, conosciuta ad un ballo pubblico. La madre e la cognata di Marty rappresentano le due maggiori categorie di donne italoamericane rappresentate sul grande schermo; la prima contiene l'immagine della madre gelosa e possessiva, la seconda quella della donna violenta e sfacciata. Le rappresentazioni a tre dimensioni, molto degne di stima, delle donne italoamericane, come Annunziata in *Give Us This Day*, furono una rara eccezione.

 La donna energica e violenta apparve nello stesso anno anche nella versione cinematografica dell'opera teatrale *The Rose Tattoo* di Tennessee Williams. La parte della nevrotica immigrata siciliana Serafina de la Rosa, divisa tra il ricordo del marito deceduto e i suoi desideri sessuali repressi, fu interpretata da Anna Magnani che si aggiudicò l'oscar di miglior attrice protagonista. Ambientato in una comunità rurale italoamericana della Lousiana, il film è pieno di urlanti donne italoamericane, mentre il corteggiatore di Serafina, Alvaro, è un esuberante camionista (Burt Lancaster), che ha bisogno di ubriacarsi continuamente per riuscire a stare insieme a questa donna esplosiva. Solo Rosa, la figlia di Serafina, interpretata con molta abilità e sagacia da Marisa Pavan, si distacca dal consolidato stereotipo della donna italoamericana. Ma Rosa è ancora molto giovane, e quindi avrà tempo per imparare. Uno dei temi comuni a questi due film, che si aggiudicarono i più importanti riconoscimenti della critica, è l'impatto dell'americanizzazione sul divario etnico generazionale. Sia Rosa che Marty tentano di uscire dalle proprie gabbie etniche attraverso la ricerca di un amore esterno al proprio gruppo etnico.

Durante gli anni cinquanta e sessanta, l'immagine cinematografica degli italoamericani divenne più sfaccettata. Gli italoamericani potevano essere immigrati che lottavano strenuamente per la sopravvivenza (*Teresa*-1951), o ricchi playboys (*An Affair to Remember*-1957), giovani collegiali con la passione per la pallacanestro (*Blackboard Jungle*-1955), arrabbiati delinquenti (*Dino*-1957), disgustosi agenti pubblicitari (*Sweet Smell of Success*-1957) o amabili perdenti (*A Hole in the Head* - 1959). Potevano essere rappresentati come diligenti pescatori (*Clash in the Night*-1952), come instancabili lavoratori e proprietari di ranch (*Wild is the Wind*-1957) o come laboriosi scaricatori di porto (*A View from the Bridge*-1962). Ma in qualsiasi modo venissero rappresentati, richiamavano perlopiù un certo tipo di violenza (fisica o verbale), sia quando usavano i pugni per diventare campioni di pugilato (*Somebody Up There Likes Me*-1956), sia quando maneggiavano coltelli per terrorizzare la metropolitana di New York (*The Incident*-1967). Questi film, oltre a dimostrare una palese diversità dei personaggi italoamericani, esaltavano una aggressività quasi animalesca, espressa sia dalla sadica violenza dei criminali e da quella commercializzata dei pugili, sia da quella temperamentale e caratteriale delle donne e degli uomini comuni.

Con l'inizio degli anni settanta si assistette ad una vera e propria esplosione dei film a carattere italoamericano, e la vita culturale e sociale delle comunità venne raccontata in una miriade di film, sceneggiati, telefilm, e documentari. Il revival etnico degli anni sessanta, con le sue celebrazioni dell'identità, dell'orgoglio, e della giustizia sociale, influenzò profondamente l'industria cinematografica statunitense. Milioni di americani rimasero incantati di fronte alla scoperta e alla rappresentazione delle proprie origini, e anche gli italoamericani non rimasero immuni di fronte a questa mania collettiva. Hollywood assegnò loro un ruolo primario.

 Il revival etnico influenzò l'industria cinematografica in due modi principali. In primo luogo si videro le grandissime possibilità commerciali che offriva il tema dell'etnicità, in secondo luogo, molti registi e sceneggiatori con un forte background etnico alle spalle colsero l'opportunità di esplorare in prima persona le proprie origini attraverso i film. Questa confluenza di popolarità e presenza etnica nel cinema dette origine ad un grandissimo successo di questo genere di film, un successo senza precedenti nella storia del cinema americano.

Questo boom coincise anche con un altro grande cambiamento, la scomparsa del codice Hays. Questo potente strumento di censura aveva depurarato i film, sin dagli anni trenta, da tutte quelle immagini di amore esplicito e di violenza gratuita. Il codice, potentissimo fino alla fine degli anni cinquanta, perse progressivamente la sua forza negli anni seguenti quando i registi e i produttori cinematografici cominciarono ad ignorarlo. Venne abolito nel 1968. La connessione tra il revivalismo etnico e il permissivismo del dopo - codice - Hays portò una nuova tendenza di sesso esplicito e violenza, con molti film che terminavano con i criminali impuniti e felici per le azioni compiute.

Gli italoamericani, insieme con gli afroamericani e gli ebrei-americani, furono   i maggiori protagonisti della scena cinematografica statunitense
degli anni settanta e ottanta.

 Illuminato dalla presenza di una nuova schiera di giovani registi di talento, il grande schermo si riempì presto di italoamericani ingiuriosi, armati, dissoluti e voluttuosi.

Senza dubbio, però, l'evento cinematografico degli anni settanta è stato *The Godfather* (1972). Tratto dal famosissimo romanzo di Mario Puzo, con la regia di Francis Ford Coppola, è stato uno dei più grandi successi internazionali di sempre. Nel film si esplora il classico tema del rapporto tra gli italoamericani e la criminalità mafiosa attraverso la saga della famiglia Corleone con a capo l'uomo d'onore Don Vito. L'inizio del film illustra gli ultimi anni della vita di Don Vito, e continua raccontando la sua morte e il passaggio del testimone a suo figlio Michael, cresciuto con tendenze molto vendicative. Il passaggio delle consegne riflette una profonda trasformazione culturale; se Don Vito attua il suo terrificante potere e la violenza all'interno di un tradizionalismo italiano che mette in evidenza anche valori profondi come l'amore per la famiglia e la lealtà agli amici, non è lo stesso per Michael che, attraverso l'influenza della società americana, dell'assimilazione e della modernizzazione, è incredibilmente freddo e cerebrale.

Seguendo l'enorme successo commerciale e critico del film, Coppola creò *The Godfather, Part II* (1974). Il film racconta dei primi anni della vita di Vito, dalla fuga dalla Sicilia alla realizzazione del suo impero criminale nella Little Italy di New

York, passando poi ad illustrare l'ascesa di Michael, e lo spostamento delle attività criminali nel Nevada.

Oltre a trattare il crimine etnico in tutte le sue svariate espressioni, i due film scavano all'interno di molti altri aspetti della vita italoamericana: il codice d'onore, i valori della famiglia, le relazioni tra maschi e femmine, le tradizioni culturali (molte delle quali riassunte nel tipico matrimonio siciliano illustrato all'inizio del film), e l'assimilazione.

Sebbene i due film focalizzino l'attenzione sugli uomini, il trattamento che Coppola riserva alle donne continua ad essere quello delle due tipiche rappresentazioni standard, la prima, ancorata alla vecchia generazione, fornisce un ritratto di una donna possessiva, fedele e stoica nel sostenere il proprio uomo, la seconda, propria di una generazione più giovane, è l'immagine della monella viziata, personificata in Costanza, la figlia di Don Vito.

Nel *Godfather, Part I*, valori come la lealtà personale e l'obbedienza favoriscono ordine e giustizia in una società amorale e caotica. Nel successivo *Godfather, Part* II, il vecchio ordine è corrotto e minacciato dall'avidità, dalla perdita di disciplina, dal tradimento e dall'indulgenza: in breve, dall'americanizzazione.

La forza e la stabilità dell' "onorata famiglia" affascinarono gli americani in un momento in cui tutte le istituzioni sembravano sconvolte.[122]

Naturalmente, il film ha radicato profondamente nell'immaginario lo stereotipo dell'italoamericano come

---

[122] Il film uscì nel periodo del grande scandalo "Watergate" in cui venne coinvolto il presidente degli Stati Uniti,Richard Nixon.

mafioso. A tal proposito, quando fu presentato in televisione, prima dell'inizio appariva sullo schermo la puntualizzazione: "non si intende offendere alcun gruppo etnico o suggerire che la criminalità è caratteristica di un gruppo particolare".

 Il film ha raggiunto uno straordinario risultato cinematografico, mostrando uno dei più ricchi e più incisivi ritratti di vita italoamericana ma non solo, andando ad esplorare anche quei lati oscuri della società americana moderna. Dal principio alla fine dell'opera, Coppola usa la Mafia come metafora della ricerca americana per la ricchezza e il potere, nella quale Cosa Nostra simbolizza i successi e gli eccessi del "big business" americano.

L'autenticità etnica di questi due film può essere certamente discussa, ma la potenza del loro impatto rimane incontestabile. Gli effetti apparvero quasi subito; dagli adesivi, ai gadgets, ai trucchi e vestiti per Halloween, e certe espressioni come " *I'm going to make you an offer you can't refuse*"[123], diventarono presto di uso comune tra i ragazzi americani.

L'enorme successo inspirò una grande numero di imitazioni di basso livello. In uno studio del 1976, Dwaight Smith ha identificato più di trecento libri tascabili, pubblicati tra il 1969 e il 1975, che sfruttarono il tema della mafia.[124]

La risposta degli italoamericani al successo del film fu del tutto singolare. Alcune organizzazioni protestarono violentemente ed allestirono dei picchetti e delle manifestazioni di disappunto davanti ai cinema dove si proiettava il film, ma per molti rappresentò quello che per le giovani generazioni di afroamericani fu *Roots* (Radici) di Alex Haley. I più giovani

---

[123] "Sto per farti un'offerta che non puoi rifiutare"
[124] D. Smith, *Sons of the Godfather*, Italian Americana,, vol.2, pp.191-208.

videro nell'epopea dei Corleone una fonte di identità. Un giovane studente italoamericano affermò: "desideravo a tal punto un'identità etnica che, quando ho visto il film, ho identificato in esso tutta la mia eredità."[125] Quando in una scuola di Providence, Rhode Island, si celebrarono i giorni dedicati alle etnie, gli studenti italoamericani si presentarono vestiti come i membri del clan Corleone. Si diffusero a macchia d'olio in tutto il paese, bar, ristoranti e pizzerie "dal Padrino", di proprietà degli italoamericani, e nelle feste l'orchestra suonava il tema musicale del film. Questa caricatura di sè stessi e questa spesso inconsapevole autodenigrazione rappresentano un valido esempio dell'esiguità delle risorse culturali a cui devono attingere molti italoamericani per definire la loro identità.

Hollywood si convinse dell'opportunità di investire nei "Mafia Films", promuovendo un film dopo l'altro : *The Don is Dead* (1973), *Crazy Joe* (1974), *Mr. Majestyk* (1974), *Capone* (1975), *Silver Bears* (1978), *Gloria* (1980), *Absence of Malice* (1981), *The Cotton Club* (1984), *Code of Honor* (1985), *Heat* (1987), *The Untouchables* (1987) e molti altri.

Numerose altre prove del perseverare degli stereotipi sugli italoamericani nei film vennero da altre fonti. Pellicole che non riguardavano gli italoamericani li includevano come personaggi criminali non protagonisti, anche se il loro essere rappresentanti di un determinato gruppo etnico non aveva nessuna importanza nello sviluppo della trama, in contrasto con i film sulla mafia che rendevano necessaria una specifica e globale presenza italoamericana. Personaggi criminali italoamericani "usa e getta", con una identificazione etnica irrilevante riguardo la trama,

---

[125] Cfr. R. J. Vecoli, op.cit., p.235.

apparvero in moltissimi film, come il mezzano De Luca in *The Gauntlet* (1977), lo spacciatore DeMesta in *Just You and Me, Kid* (1979), il giocatore d'azzardo Tony Paoli in *Any Which Way You Can* (1981), il sadico Severo in *The Hot Touch* (1982), e il falsario Knobby de Karno in *Burglar* (1987).

Anche le donne italoamericane, dalla mafiosa Sciloni in *The Sting* (1973) alla buffona leader criminale, Ma Fratelli, in *Goonies* (1985), si ritrovarono incessantemente e gratuitamente etichettate.

Tutti questi personaggi sarebbero potuti appartenere a qualsiasi altro gruppo etnico, ma i registi e gli sceneggiatori, conformi alla tradizione cinematografica e vedendo la predisposizione del pubblico a riconoscere un criminale dal suo accento italiano e dal suo aspetto fisico mediterraneo, furono obbligati a rappresentarli come italoamericani.

Dopo Francis Ford Coppola, il regista più importante nel mostrare una determinata immagine cinematografica dell'esperienza italoamericana è Martin Scorsese, specialmente in due suoi film, *Mean Streets*, e *Raging Bull* (1978). Sia *Mean Streets*, un commovente ritratto di Charlie (Al Pacino), un giovane di Little Italy dedito ad attività e scorribande criminali, che *Raging Bull*, una biografia di un ex campione di pugilato, Jake LaMotta, modellano un insieme di schizzi su episodi di sangue recitati con un linguaggio rozzo e tipicamente di strada. Oltre a ciò, Scorsese ha superato Coppola nel suo ritratto depressivo e instabile delle donne italoamericane. Più che eterne brontolone, le donne di Scorsese tendono ad essere nevrotiche, incapaci, e generalmente non indipendenti.

L'associazione tra italoamericani ed un certo tipo di violenza, anche di fattura non criminale, ha continuato ad essere rappresentata in molte altre pellicole tra le quali spicca la saga di *Rocky*, un italoamericano che da operaio in una fabbrica di macellazione nei sobborghi di Philadelphia, per mezzo di una folgorante carriera pugilistica, diventa prima un simbolo di successo ed affermazione individuale, e poi un rappresentante del sogno e della libertà americana, come in *Rocky* IV quando si reca in Russia per sfidare il campione sovietico Ivan Drago.

Già con il primo *Rocky* (1976), il suo attore protagonista, Sylvester Stallone, guadagnò un incredibile successo, che continua negli anni, rinforzato anche da molti altri film d'azione e di violenza, che coinvolgono personaggi di stampo italoamericano, come *Rambo, Rambo II, Rambo III*, che analizzano il travaglio psicologico di un reduce dalla guerra del Vietnam il quale, rifiutato dalla società, è costretto a mostrare il suo lato violento e spietato sia per difendere se stesso in un paese del Montana, sia per recuperare dei prigionieri americani ancora reclusi in Vietnam o analogamente in *Cobra* (1986), la storia di Mario Cobretti, un tenente della polizia deciso e violento nell'applicare la legge.

 Anche nei film per ragazzi, l'adolescente italoamericano per raggiungere una accettazione e un riconoscimento sociale deve lottare violentemente, come il giovane Daniel La Russo in *The Karate Kid* (1984) e *The Karate Kid, part II* (1986).

Il film *Bloodbrothers* (1978) esamina il problema di come conciliare il fatto di essere sia italoamericani che sensibili e non-violenti. Il giovane riflessivo e pensieroso, Stony De Coco, preferisce diventare avvocato piuttosto che seguire la tradizione operaia di famiglia, mentre la sua personalità sensibile e non violenta viene continuamente messa in contrasto con il "machismo" dei suoi parenti.

Anche nei film e nei serial polizieschi, uomini come Frank Serpico (*Serpico*-1973), Danny Ciello (*Prince of the City*-1981), e Nico Toscani (*Above the Law*-1988), sebbene nella piena legalità, continuano ad esprimere una forma di comportamento espicitamente violenta.

Un'altra tendenza nel ritrarre gli italoamericani fu quella di mostrarli come sdolcinati, romantici e pasticcioni, come ad esempio nei film *Fatso* (1979), e *Easy Money* (1983).

Tra i tantissimi altri ruoli che sono stati assegnati a personaggi di chiara origine italiana, e che testimoniano la massiccia presenza e l'eterogeneità delle rappresentazioni degli italoamericani nel cinema, possiamo citare il nostalgico ex giocatore di pallacanestro Phil Romano in *That Championship Season* (1982), il sensibile attore omosessuale Jimmy Perino in *Only When I Laugh* (1981), il magnate dei tessuti Thornton Meloni in *Back to School* (1984), il giovane e bello campione di biliardo Vincent Lauria (Tom Cruise) in *The Color of Money* (1986), e il campione di ginnastica Steve Tevere in *American Anthem* (1986).

Durante gli anni settanta e ottanta, si è quindi assistito ad una grande esplosione di talenti italoamericani in campo cinematografico. Registi ed attori come Martin Scorsese, Francis Ford Coppola, Michael Cimino, Robert DeNiro, Al Pacino, Sylvester Stallone e John Travolta, solo per citare i più importanti, hanno raggiunto un successo senza precedenti presentando efficaci ritratti di italoamericani sullo schermo. Alcuni film come *Mean Streets* e la saga di *Rocky* sono spaccati di vita dura e piena di sacrifici, tipica di molti italoamericani, ma altri come *Saturday Night Fever* (1977) e *Staying Alive* (1983), entrambi interpretati da John Travolta, rappresentano ancora la classica caricatura del "macho" italiano, in questo caso il ballerino Tony Manero.

 Dalla metà degli anni ottanta in poi, i personaggi italoamericani hanno cominciato ad essere protagonisti in molte esilaranti commedie come *I Love You to Death* (1990), dove la moglie del pizzaiolo infedele, Joey Boca, tenta di ucciderlo in mille modi senza riuscirci, o come *Cookie* (1990), storia di una simpatica e rumorosa *teenager* italoamericana che cerca di aiutare il padre, un piccolo gangster in difficoltà al quale sono stati rubati i risparmi. Anche Stallone in *Oscar* (1992) si cimenta in un ruolo del tutto inedito per lui. *Oscar*, diretto da John Landis, è infatti un'esilarante commedia degli equivoci; sul letto di morte del padre, il gangster "Snaps" Provolone, Oscar promette solennemente di abbandonare la strada del crimine per diventare un rispettabile uomo d'affari, ma evidentemente sarà difficile per lui mantenere i buoni propositi. Molte altre commedie che vedono protagonisti gli italoamericani sono state interpretate dall'attore italoamericano Danny De Vito, fra le quali spicca *Renaissance Man* (1993), storia di un minuto professore che pretende di insegnare letteratura inglese ad una compagnia di rudi marines.

I primi anni novanta vedono continuare la saga dei film sulla mafia, con gli italoamericani naturalmente sempre protagonisti. Ritorna infatti l'epopea della famiglia Corleone con *The Godfather, Part III* (1990), nel quale Michael Corleone, raggiunta ormai l'età matura, è dominato da due passioni: restituire un'immagine rispettabile alla famiglia e trovare il suo successore.

Un altro lungometraggio da citare è sicuramente *Men of Respect* (1990). Inspirato al Macbeth shakespeariano, il film vede il giovane criminale Michael Battaglia che per ottenere il rispetto del suo potente padrino uccide i capi di una famiglia rivale. Il film è un'intelligente analisi della mente criminale e della moderna mafia italoamericana. Anche Martin Scorsese torna a parlare di Mafia con *Goodfellas* (1991), scandagliando a fondo il mondo della criminalità organizzata. Il film, tratto dal bestseller *Wise Guy* di Nicholas Pileggi, ebbe un grandissimo successo, e l'attore Joe Pesci, interpretando il ruolo del mafioso volubile Tommy De Vito, vinse l'oscar come migliore attore non protagonista.

In questi anni le pellicole esplorano anche i conflitti e le tensioni sociali tra i differenti gruppi etnici delle periferie delle grandi metropoli. E gli italoamericani naturalmente sono sempre presenti. E' il caso di *Do the Right Thing* (1989) diretto dal regista afroamericano Spike Lee, ambientato nel quartiere nero più povero di Brooklyn. L'epicentro della vicenda è la pizzeria gestita da Sal e dai suoi due figli, gli ultimi italoamericani rimasti nella zona dove il razzismo è uno sport praticato da tutti: bianchi, neri, portoricani e coreani. La situazione degenera quando un ragazzo di colore entra nella pizzeria di Sal con uno stereo portatile ascoltando musica ad un volume pazzesco. L'episodio, di per sè insignificante, scatena però una serie incredibile di violenze. Un altro film che analizza questo particolare tipo di problemi e tensioni è il bellissimo *Bronx* (1994), che vede l'esordio alla regia di Robert De Niro. E' una storia di vita, d'amore, d'amicizia e di violenza tra gli italiani del Bronx e le altre comunità etniche (ebrei, neri e portoricani). Il giovane

Calogero, figlio di Lorenzo (Robert De Niro), è affascinato da Sonny, il Boss del quartiere, perché è rispettato da tutti ma non ha l'approvazione del padre che lo esorta ed evitarlo perché, dalle sue stesse parole : "L'America la fa la gente che lavora".

 Nonostante queste inesorabili categorizzazioni cinematografiche, alcune delle quali, come abbiamo visto, spietate, crudeli, e tese a dimostrare una indiscutibile diversità, gli italoamericani stanno beneficiando in questi ultimi anni di una tendenza positiva che rappresenta soprattutto le loro qualità (intelligenza, lealtà, passionalità, il sapersela cavare in ogni situazione ecc.). Lo dimostra l'enorme successo di un film come *Moonstruck* (1987), che narra la storia di una famiglia italoamericana, i cui protagonisti sono personaggi emotivi, amabili, esuberanti, teneri e che non hanno niente a che fare con la violenza, come Loretta e Rose Castorini (interpretate rispettivamente da Cher e da Olivia Dukakis che vinsero l'oscar). Questo film ha segnato un grande passo in avanti nell'umanizzazione e nel messaggio positivo dell'immagine cinematografica degli italoamericani.

 Prima ritratti come poveri immigrati oggetto di sfruttamento e pregiudizio, poi come criminali e violenti con gli uomini generalmente crudeli, delinquenti senza scrupoli e le donne tendenti alla nevrastenia e all'isteria, solo in questi ultimi anni gli italoamericani hanno sullo schermo un'immagine un po' più bilanciata, umana e generosa.

Anche la televisione ha riservato perlopiù lo stesso tipo di trattamento agli italoamericani, sia negli spots pubblicitari che nei telefilm, nei serial e negli sceneggiati.

 Quando negli anni cinquanta la televisione diventò il mezzo di comunicazione e di intrattenimento più seguito, in una delle serie più popolari, "The Untouchables", il protagonista Elliot Ness combatteva ogni settimana contro una banda di criminali, tutti con accento italiano. Il programma diventò popolarissimo ed era chiamato dal pubblico "l'ora italiana", o "guardie e wops". Nel 1950, nelle inchieste televisive sul crimine organizzato si fecero sfilare davanti alle telecamere dei sinistri personaggi barbuti, dalla voce cavernosa, tutti con nomi italiani.

Ancora oggi gli italoamericani sono bombardati dagli stereotipi negativi diffusi dai mass-media. Gli spots televisivi propongono un'allegra e grassa "Mama Mia" che prepara una salsa per la rumorosa e numerosa famiglia, e qualche personaggio di carnagione scura che imita l'inglese scorretto degli immigrati. Altri personaggi stereotipati sono ad esempio "Fonzi" di *Happy Days*, un classico "macho" e La Verne Di Fazio di *La Verne and Shirley*, un uomo ingenuo, spiritoso e un po' ebete. Uno studio recente sull'immagine degli italoamericani presentata dalla televisione ha concluso che le descrizioni negative sono il doppio di quelle positive; un personaggio su sei è dedito ad attività criminali, la maggior parte svolge mansioni inferiori e non parla inglese correttamente. [126]

Anche nella televisione, oggi, l'immagine degli italoamericani si è nettamente rivalutata e personaggi come Rosa, immigrata napoletana sposatasi con un marine conosciuto a Napoli, nel telefilm comico *Pappa e Ciccia* (non sono a conoscenza del titolo originale americano), trasmesso di recente anche in Italia, è un esempio edificante. Rosa è una madre molto istintiva e passionale, ma l'effetto che ottiene sull'educazione dei suoi tre

---

[126] A. Brizzolara, *The Image of Italian Americans on U.S. Television*, Italian Americana, N.6, primavera/estate 1962, pp.60-67.

figli è molto soddisfacente, e rende il personaggio immediatamente simpatico agli occhi del telespettatore

CAPITOLO VII

L'esperienza dell'immigrato nella letteratura italoamericana

I primi scritti di italiani immigrati negli Stati Uniti, come quelli di altri gruppi etnici, furono resoconti di impressioni e valutazioni sul Nuovo Mondo, ed autobiografie che registravano esperienze personali. Poi, gradualmente, l'immaginazione prese il sopravvento sulla dura realtà, con il risultato che le esposizioni e i resoconti si tramutarono in romanzi e racconti.

Una delle particolarità che rese unico lo sviluppo della letteratura italoamericana rispetto a quello della letteratura nazionale fu senz'altro la costante attitudine positiva mostrata dagli scrittori italoamericani verso il loro materiale letterario, una inclinazione positiva che galvanizzò le direzioni e le soluzioni delle loro storie e dei loro racconti. I protagonisti dei romanzi italoamericani lottano duramente, spesso sono perennemente in disgrazia, ma prima o poi riescono a superare le difficoltà, e la loro forza di volontà è più forte di un destino indefinito e vago.

Una delle questioni da rilevare, comunque, è quella di definire in concreto quale sia stata l'importanza della produzione letteraria italoamericana, il suo influsso e il suo contributo nei confronti della letteratura nazionale, la rilevanza dei temi trattati e l'immagine dell'immigrato attraverso l'analisi di alcuni testi. Esaminando la quantità di autori e di opere, e gli studi critici relativi, dobbiamo ammettere che, sia come numero sia come qualità, il contributo degli italoamericani allo sviluppo e alla crescita della letteratura americana è stato minimo, se non quasi del tutto trascurabile. Nel suo studio del 1949, Olga Peragallo ha citato un totale di 59 autori di chiara origine italiana che hanno prodotto opere in lingua inglese in America.[127] Ma tra questi sono inclusi autori come Bernard DeVoto e Hamilton Basso che possono essere considerati italoamericani solamente in un senso puramente genetico. Se diamo una definizione abbastanza rigorosa dell'autore italoamericano, cioè uno scrittore o un poeta di origine italiana che utilizza temi italoamericani nei suoi scritti, allora, come ha notato Rudolph J. Vecoli, il numero scende a 26, con una produzione di circa 45 opere.[128] Se 59 autori su una popolazione totale di quattro milioni e mezzo di individui non è una percentuale alta, 26, come ha osservato Giuseppe Prezzolini, è un numero quasi del tutto insignificante.[129] La domanda viene allora spontanea: perchè il contributo italoamericano nei confronti della letteratura americana è stato così esiguo, e come mai gli scrittori di origine italiana non hanno avuto il benchè minimo impatto (ad eccezione di Mario Puzo) sul pubblico americano? Eppure il lettore americano non è stato mai insensibile alle produzioni di autori "etnici". Cosa sarebbe la letteratura

---

[127] O. Peragallo, *Italian-American Authors and Their Contribution to American Literature*, New York, Vanni Publishers, 1949.

[128] R. J. Vecoli, "The Italian-American Literary Subculture: an Historical and Sociological Analysis", in J.M. Cammet (ed.), *The Italian American Novel*, The American Italian Historical Association, Proceedings of the Second Annual Conference, Staten Islend, New York, 1969, p.8.

[129] Giuseppe Prezzolini, "Preface", in Peragallo O., *Italian American Authors..*cit.,ix-xii.

americana senza il contributo di scrittori ebraico-americani come Bernard Malamud, Philip Roth e Saul Bellow, scrittori afroamericani come Ralph Ellison e James Baldwin, o scrittori irlandesi come James T. Farrel e Edwin O'Connor ?

Le ragioni della scarsità e insufficienza di nomi italiani nella storia della letteratura americana sono da ricercare nella storia e nell'esperienza del gruppo etnico italoamericano. Gli immigrati italiani, come abbiamo esaminato nei primi capitoli, erano per la maggior parte contadini ed artigiani, molti dei quali analfabeti, venuti in America in cerca di pane e lavoro. Non avevano una cultura letteraria e consideravano la lettura un lusso e uno spreco di tempo che poteva essere impiegato in modo più redditizio. Per molti l'unica lettura esistente era quella del quotidiano italoamericano. Chiaramente, la cultura letteraria degli immigrati non rispecchiava in alcun modo i gusti sofisticati delle classi elevate in Italia, ma piuttosto rappresentava i più volgari appetiti degli strati sociali più bassi. Non a caso in una libreria italiana di Boston all'inizio del novecento i libri più venduti erano titoli come "Peccati Supremi", "Notti di piacere", "Ladri dell'onore" ecc.., o pubblicazioni fantasiose ma piuttosto semplici come "Guerin Meschino", "Reali di Francia", "Bertoldo, Bertoldino e Cacasenno", ecc.[130]

La passione letteraria degli immigrati italiani sembra essere stata dedicata quasi esclusivamente alla poesia. Molti immigrati infatti scrissero centinaia di poesie, alcune pubblicate in Italia, altre negli Stati Uniti, ma la parte più grande è rimasta in manoscritti personali e mai pubblicati. Senza entrare nel merito letterario, questo corpo di lavori poetici fornisce senza ombra di dubbio una

---

[130] M. M. Sweet, *The Italian Immigrant and His Reading*, Chicago, 1925, p.56.

ricca fonte di analisi agli storici della cultura. In versi, gli immigrati rivolgevano la loro attenzione a questioni filosofiche e religiose, faccende politiche, alla nostalgia per la madrepatria e all'amore. Molti di questi poeti erano perlopiù autodidatti, che svolgevano altri mestieri per vivere; erano sarti, barbieri, manovali che avevano una passione per la letteratura, la storia e la filosofia e nel tempo libero si dilettavano a scrivere in versi. Molte poesie furono scritte in dialetto calabrese, napoletano e siciliano.

Il poeta italoamericano che riuscì ad avere maggiore popolarità fu Arturo Giovannitti, definito da molti critici "il poeta della classe operaia che si ridesta". Il poema più conosciuto di Giovannitti, *The Walker*, fu da lui scritto mentre si trovava in prigione in attesa di processo con l'accusa inventata di omicidio durante il famoso sciopero di Lawrence nel 1912.

Questa fu dunque in gran parte l'eredità letteraria che la seconda generazione di immigrati ricevette dai genitori.

Gli scrittori italoamericani hanno dovuto sempre lottare contro grandi difficoltà, molte delle quali derivate dall'educazione ricevuta. Privi di una tradizione letteraria e culturale alle spalle, isolati, e quasi sempre autodidatti, essi dovevano confrontarsi duramente con l'attitudine negativa dei propri genitori verso l'educazione e l'istruzione scolastica, viste come minaccia per l'integrità della famiglia.

Nel 1960, solo l'11% degli italoamericani di seconda generazione frequentava il college, rappresentando la percentuale più bassa rispetto a tutti gli altri gruppi etnici europei.[131] Gli

---

[131] R. J. Vecoli, "The Italian-American Literary Subculture..." in J.M. Cammet (ed), *op.cit.*, p.7.

italoamericani, inoltre, hanno sempre visto l'istruzione in termini strettamente utilitaristici. Se ai figli veniva concessa l'opportunità di iscriversi al college, era implicito che si dovessero laureare in legge, in medicina, o in economia; per le arti e le scienze umane non c'era spazio.

Tra i tratti culturali che gli immigrati contadini sembrano aver trasmesso ai propri discendenti c'è sicuramente l'avversione per la lettura.

Mario Puzo, alla fine degli anni sessanta affermò esagerando che: *"Italian parents regarded their children's public library cards with all the orror that today's middle class mother has for her hippie son's taste for drugs."[132]*

Comunque, anche se esagerata, l'affermazione di Puzo corrisponde a verità, in quanto i ragazzi e le ragazze italoamericane venivano continuamente avvertiti che il troppo leggere faceva male alla testa e non era una cosa utile.

 Pietro Di Donato, figlio di immigrati, il cui primo romanzo *Christ in Concrete* ricevette un'attenzione nazionale senza precedenti, è uno dei primi esempi della difficoltà dei primi scrittori americani di passare dal pensiero alla scrittura. L'educazione che egli ricevette fu quella delle strade d'America piuttosto che delle scuole. Conobbe la letteratura attraverso delle periodiche visite in libreria nel periodo in cui era senza lavoro. Quarant'anni dopo l'uscita della sua prima opera di successo, durante una conferenza tenuta a Chicago nel 1978, Di Donato riconobbe le limitazioni imposte alla sua generazione e pose in

---

[132] "I genitori italiani consideravano le tessere librarie dei loro figli con lo stesso orrore che la madre medioborghese di oggi ha per l'inclinazione del proprio figlio hippie verso l'uso di droghe." Mario Puzo, "Italian American Stlyle", p.28, citato in R.. J. Vecoli, "The Italian American Literary...", cit., p.8.

rilievo il grande potenziale delle future generazioni di italoamericani di creare dei capolavori della letteratura americana:

"The Tony Macaroni writers are shot. This new breed of writers must know the highest standards. They must become aristocrats of the soul. It is coming now, the renaissance. Our time is now. I see it because you are no longer *"figli dei muratori"*. You go to school and you are children with brains" [133]

Il potenziale lettore italoamericano non provava il benchè minimo interesse riguardo alle opere scritte da persone aventi la stessa origine etnica. Uno scrittore italoamericano commentò in questo modo il totale disinteresse del pubblico verso una sua opera: *"I know from publishing experience I have had that the hyphenated Italo-American audience is an utter nothing as a book market. It can't be sold because it doesn't read."* [134]

Lo scrittore italoamericano non veniva però completamente ignorato dai suoi compaesani. Sebbene non leggessero i suoi libri, protestavano violentemente se la sua opera, per usare le parole dell' *American Italian Anti Defamation League*: "offendeva la reputazione e la dignità degli italoamericani." Piuttosto che essere promossi e aiutati dalla comunità italoamericana, gli scrittori finivano spesso per essere ostacolati, come affermò uno scrittore per esperienza personale:

"I am *persona non grata* in the Italian-American community because I write of Italian Americans who are poor fishermen or subway racketeers."[135]

---

[133] " L'epoca dgli scrittori Tony Macaroni è conclusa. Questa nuova stirpe di scrittori deve eguagliare gli standard più alti. Devono diventare degli aristocratici dell'anima. Sta arrivando adesso il rinascimento. Il nostro tempo è adesso. Lo vedo, perchè voi non siete più i figli dei muratori. Voi andate a scuola e siete figli con cervello."

[134] "So, per esperienze di pubblicazione che ho avuto, che il pubblico italoamericano è un niente totale come mercato editoriale. Non si vende perchè essi non leggono." Cit. in R.J. Vecoli, "The Italian American Literary...", cit., p.9.

[135] "Io son una *persona non grata* nella comunità italoamericana perchè scrivo di

Un altro elemento da considerare quando si esamina l'esiguo numero di autori italoamericani rispetto alla popolazione immigrata, è il fatto che non pochi scrittori di talento hanno scelto volontariamente di non trattare l'esperienza italoamericana nei loro scritti. Immersi in una cultura anglosassone prettamente de-etnicizzante, leggendo autori anglosassoni, hanno perso quel desiderio di raccontare partendo dalla propria, anche se ormai lontana, tradizione culturale.

Anche in Italia l'interesse per la letteratura italoamericana è inesistente. Nonostante la traduzione di qualche opera, gli scrittori italoamericani e i loro lavori sono sconosciuti, ignorati sia dai lettori che, in genere, dalla critica.

Tralasciando tutti quegli italiani che spinti dal desiderio d'avventura e di esplorazione scrissero resoconti sul continente americano, e quelli che raccontarono indirettamente del problema dell'immigrazione italiana come ad esempio Edmondo De Amicis (*Sull'Oceano*-1889), Giovanni Capuana (*Gli americani di Rabbato*-1909), e Giovanni Pascoli, che scrisse un poema in gergo italoamericano (*Italy*-1904), tutte opere che hanno a che fare con temi italoamericani ma che devono essere considerate solo parte della letteratura italiana, possiamo far risalire l'origine della letteratura italoamericana vera e propria alle opere di quegli scrittori che, nati negli Stati Uniti, trovarono le loro espressioni nell'ambito della cultura, delle esperienze, e delle tradizioni delle comunità italoamericane. Esiste una lista di opere che possiamo definire in maniera appropriata come classici della letteratura italoamericana.[136] Sono autobiografie e romanzi che, scritti in

---

italoamericani che sono poveri pescatori o estorsori nelle metropolitane." Citato in R.J. Vecoli, "The Italian American Literary...", cit., p.9 in J.M. Cammet (ed.), *op.cit*.
[136] Facciamo riferimento a: W.C. Miller (ed.), *A Comprehensive Bibliography for the Study*

lingua inglese, e tendenti più al realismo di Dreiser che al verismo di Verga, appartengono a pieno titolo alla letteratura americana. Gli autori di questi libri, come ad esempio Constantine M. Panunzio, Pascal D'Angelo, Garibaldi Marto Lapolla, Jo Pagano, Guido D'Agostino, Jerre Mangione, Pietro Di Donato, John Fante, e Mario Puzo, hanno tutti in comune un'origine storica e culturale differente dalla tradizione anglosassone; ne sono consapevoli e lo fanno vedere. Alcuni sono orgogliosi della loro eredità italiana, altri ne ricavano inquietudine. Alcuni descrivono realtà urbane, altri dipingono contesti rurali, raccontando esperienze sia positive che negative; ma tutti (e si può rilevare dai titoli delle opere) esprimono un deciso senso di appartenenza specifica, rivolgendo l'attenzione ai problemi dell'integrazione difficile, degli stereotipi, dei pregiudizi e dell'alienazione. Per dare un esempio attraverso i soli titoli, *Son of Italy* indica chiaramente l'orgoglio per la propria origine, *Dago Red* pone l'accento sul problema del razzismo e della sofferenza, *Olives on the Apple Tree* suona come una forte dichiarazione di estraniamento ossia il problema dell'assimilazione di gente latina e mediterranea in una società anglosassone (non c'è nulla di più forzato dell'immagine di un albero di mele che dà olive come frutti). *Christ in Concrete* esprime la visione della tragedia dell'immigrato che si tinge di connotazioni bibliche, mentre un titolo come *The Fortunate Pilgrim* implica l'idea di un ottimistico successo sociale. La maggior parte di queste opere furono pubblicate negli anni quaranta.

---

of American Minorities, Volume I, New York, New York University Press, 1976, pp.1-10.

La storia della letteratura italoamericana sembra essersi sviluppata, come ha notato Rose Basile Green, attraverso cinque stadi diversi.[137]

Il primo stadio è formato da quegli immigrati che attraverso resoconti e autobiografie descrissero il primo impatto con la realtà statunitense e i successivi problemi di adattamento. Tra le non poche opere di questo primo periodo le più rilevanti possono essere considerate *Peppino* (1913) di Luigi Donato Ventura, che narra la storia di un immigrato che fa il lustrascarpe ma che tuttavia non perde il suo ottimismo e la sua innocenza, e il romanzo di Giuseppe Cautela *Moon Harvest* (1925).

Moon Harvest racconta la difficile storia di una famiglia di Ortanova, in Abruzzo, che, costretta dalla miseria ad emigrare, non riesce ad adattarsi alla nuova realtà americana, e se il capofamiglia cerca di compiere qualche passo in avanti nella ricerca di un equilibrio tra il proprio modo di vita e quello statunitense, non altrettanto fa sua moglie che, diventando ogni giorno più alienata, non segue il marito nei suoi spostamenti lavorativi e finisce nelle mani di una terza persona che porta la famiglia alla distruzione. Il romanzo contiene anche una notevole quantità di preziose informazioni sull'impatto degli immigrati con la nuova vita.

L'ambizioso immigrato dell'epoca spesso riusciva a raggiungere un certo successo economico e sociale, ma il prezzo da pagare era piuttosto alto. E' il caso per esempio di Gennaro Accuci, il personaggio principale del romanzo *The Grand Gennaro* (1935) di Garibaldi Marto Lapolla. Lapolla ebbe un discreto successo

---

[137] Rose Basile Green, "The Italian American Novel in the Main Stream of American Literature", in J.M. Cammet (ed.), *The Italian American Novel*, cit., pp-6-11.

anche con i suoi due primi romanzi, *The Fire in the Flash* (1931) e *Miss Rollins in Love* (1932), ma è con *The Grand Gennaro* che raggiuse i favori del pubblico e della critica, anche se non immediatamente.

Lapolla ambienta il suo romanzo nella Little Italy che si formò dopo il 1880 lungo la East River di New York, accanto ad Harlem. Era un'area ed una comunità che egli conosceva bene, essendoci cresciuto dopo che i sui genitori emigrarono dal sud d'Italia nel 1890, quando aveva due anni. L'opera ritrae esattamente e con un'assoluta accortezza storica le vite, le azioni, e l'ambiente degli immigrati italiani di inizio novecento.

 La seconda fase dello sviluppo della narrativa italoamericana analizza gli sforzi degli immigrati di radicarsi nel nuovo ambiente. Gli scrittori cominciano così ad esaminare i tentativi di questi nuovi "individui sociali" che cercano di confrontarsi con la vita politica, culturale e religiosa della nuova patria. Le narrazioni si occupano di vicende esclusivamente italoamericane racchiuse nelle Little Italies, con un occhio vigile verso la società americana, ed i problemi di integrazione ad essa connessi. Fra gli scrittori propri di questa seconda fase possiamo ricordare Louis Forgione con *Men of Silence* e *The River Between* (1928) e Angelo Valenti con *The Golden Gate* (1939), *The Hill of Little Miracles* (1942), e *The Rooster Club* (1944).

Men of Silence è considerato il più importante romanzo di Forgione, ed ebbe numerosi attestati da parte della critica. E' la storia della famiglia camorrista dei Cuocolo, e del grande processo ai capi dell'organizzazione criminale. Basata su di una storia reale, l'opera è un thriller eccitante senza compromessi. Angelo Valenti, nato a Massarosa in Toscana nel 1897, ed emigrato con i genitori in tenera età in California, appartiene a quella schiera di lavoratori con l'hobby della scrittura, avendo infatti frequentato solo due anni di scuola elementare. *The Hill of Little Miracles* è la storia della vita di una famiglia italiana, piena di situazioni umoristiche ma anche drammatiche. Nel personaggio del piccolo Santo Ricco, un giovane artista in erba, si può riconoscere, per molti tratti, la figura dell'autore stesso.

Nella terza fase, sempre secondo l'analisi di Rose Basile Green, si assiste ad un periodo di reazione nel quale gli scrittori rifiutano la loro diretta ma per molti limitata eredità, in modo da costruire una identità più conforme e collegata alla cultura letteraria nazionale. Questo gruppo include scrittori non propriamente italoamericani in senso stretto, ma che comunque posseggono qualche traccia di italianità nel loro background culturale come Bernard De Voto, Paul William Gallico, Frances Winwar (Vinciguerra), e Hamilton Basso.

Con gli anni quaranta si assiste ad una quarta fase caratterizzata dalla reazione a questa specie di tradimento; un ritorno ai vecchi e cari temi italoamericani. Con l'integrazione ormai estesa ad un'altra generazione, la trattazione dei temi appare più simbolica, più artistica e soprattutto più universale. Forti di un livello culturale più accettabile, gli scrittori raccontano e rivelano la vita italoamericana in modo più oggettivo, senza accondiscendenza o derisione. Ci avvertono innanzitutto che l'assimilazione, seppure inevitabile, deve essere un processo graduale. E' il caso di scrittori come Joe Pagano che in *Golden Wedding* (1943) racconta la vita in America dei suoi genitori, integrando lo sviluppo dell'esperienza italoamericana con il processo di crescita della nazione. Nell'altro suo libro *The Condamned* (1947),

Pagano identifica la figura dell'alieno con tutti quelli che sono in qualche modo isolati dall'*establishment* sociale, introducendo l'idea che la frammentazione dell'io è dovuta in gran parte all'individuo che si trova in "action out of place", e responsabilizzando la comunità sul ruolo di integrazione che dovrebbe assumere. Questa sensazione di trovarsi fuori luogo pervade anche l'opera di Guido D'Agostino, *Olives on Apple Tree*, una severa ammonizione sui pericoli di una assimilazione troppo rapida, e su un certo tipo di comportamento individuale che deve cercare il più possibile di adattarsi alla società.

 Lo stesso tema, anche se in chiave più familiare, è ripreso da Jerre Mangione in *Mount Allegro* (1942), dove si analizza la frammentazione dell'individuo in mezzo agli estremi di una società profondamente settaria, e da altri scrittori, come Mari Tomasi, in *Deep Grow the Roots* (1940), e George Panetta in *We Ride a White Donkey* (1944), che indicano i vari gradi per mezzo dei quali avviene la cosiddetta "americanizzazione".

Lo scopo principale di questi scrittori è comunque quello di rappresentare la realtà, ponendo l'accento sul desiderio di piena appartenenza dell'individuo alla sempre più eterogenea società statunitense. Nella quinta e ultima fase dello sviluppo della narrativa italoamericana, il personaggio viene nazionalizzato, rivelando la propria specifica eredità culturale solo in determinati contesti (famiglia, relazioni con altri italoamericani e istituzioni).

E' il caso di Paul, il personaggio principale del romanzo di Michael De Capite, *No Bright Banner* (1944), che viene universalizzato e in cui si possono riconoscere molti dei valori e dei modi comportamentali tipici di un qualsiasi americano medio.

In questi ultimi sviluppi della narrativa italoamericana è presente in maniera assidua il tema dell'introspezione e della riflessione interna. Il processo simbolico di analisi interiore e della ricerca di identità è drammaticamente presentato nell'opera di Rocco Fumento, *Tree of Dark Reflections* (1962). Nella narrativa contemporanea questa ricerca dell'identità è associata anche ai problemi della nazione, facendo confluire molti scrittori italoamericani nel *mainstream* letterario americano. Tra gli anni cinquanta e settanta, sempre più autori italoamericani hanno visto le loro opere pubblicate, e tra i più importanti possiamo certamente ricordare John Fante, autore di molti realistici romanzi e racconti; Niccolò Tucci con *Before My Time* (1962); Frank Canizio con *A Man Against Fate* (1958); Robert Cenedella che analizza in profondità il tema della morte con *A Little to the East* (1963); Robert Canzoneri che racconta la conservazione di una personalità italiana nel Sud degli Stati Uniti con *I Do So Politely* (1965) e *Men With Little Hammers* (1969); Francis Pollini che esplora il mondo della violenza sessuale con *Glover* (1965) e Joseph Vergara che ironizza sui comportamenti tipici italoamericani con *Love and Pasta* (1968).

L'autore italoamericano più famoso di tutti i tempi è sicuramente Mario Puzo. Secondo molti critici e lettori, con le opere di Puzo, la narrativa italoamericana è arrivata al suo livello più alto.

Il suo romanzo, *The Godfather* (1969), è forse l'unica opera scritta da un italoamericano a trattare un aspetto dell'esperienza italoamericana che ha acquisito una notorietà internazionale. La grande abilità di Puzo in questo romanzo è quella di rendere palpabile la bruta realtà della violenza, della corruzione della società, e del sesso. Il lettore è guidato nel mondo della criminalità organizzata mostrando come il boss mafioso Don Vito Corleone riesca a costruire un impero che spazia attraverso tutti i livelli della società americana. Puzo è ancora oggi molto in voga tra il pubblico, e il suo ultimo romanzo, *The Last Don*, storia di Don Clericuzio, vecchio capo mafia che decide di espandere le proprie attività ad Hollywood e a Las Vegas per garantire il potere della sua famiglia dopo la morte, uscito due mesi fa, è già un grande successo letterario: quarto nella classifica dei best-seller americani.

 Se si esaminano gli scrittori italoamericani contemporanei, pronipoti oramai degli immigrati, entriamo in un nuovo periodo nel quale il passato dell'immigrato è totalmente ricreato non attraverso l'introspezione personale, ma per mezzo di una più distante prospettiva storica, una prospettiva ottenuta da un allontanamento dall'esperienza etnica, ricreando l'esperienza dell'immigrato in America attraverso forme narrative più particolari. Oramai gli italoamericani, attraverso l'assimilazione, hanno raggiunto un grande controllo politico, sociale ed economico nelle loro vite. Questa integrazione ha creato uno spostamento del centro di interesse della narrativa prodotta dagli scrittori italoamericani, un'inclinazione nel loro angolo di riflessione, che fa sì che la scrittura diventi sempre meno un mezzo di presentazione di cosa vuol dire essere italiani in America, e sempre più un modo di trasportare gli ornamenti culturali di "italianità" nelle loro vite americane.

 Oggi la narrativa italoamericana, come quella di altri gruppi etnici, sta rivitalizzando e rendendo più completa la letteratura americana stessa. Le storie letterarie, le antologie e i programmi universitari tendono infatti ad includere in maniera sempre maggiore le opere di coloro che erano prima esclusi in quanto facenti parte di una minoranza etnica, in un pieno processo di recupero di tutte le componenti culturali che hanno fatto "l'America."

7.2 THE ITALIAN-AMERICAN NOVEL: il pregiudizio, il conflitto sociale, l'alienazione e la tragedia

Fin dagli anni trenta possiamo rilevare in ogni romanzo, racconto o storia, evidenti tracce dei pregiudizi e degli stereotipi e del latente razzismo sull'intero gruppo etnico italoamericano. Tra i tanti esempi, possiamo citare un racconto di John Fante: "The Odyssey of a Wop", pubblicato nel 1940 nella raccolta *Dago Red*. Alcuni brani della storia sono una classica illustrazione del tipo di alienazione, di distacco sociale, di solitudine e disperazione che ha afflitto generazioni di italoamericani. Il problema dell'identità e la lotta per il raggiungimento di una dignità personale trovano in questo racconto, come in tante altre opere, una loro piena dimensione. Nelle prime pagine infatti è l'autore stesso che lo ammette francamente:

I enter the parochial school with an awful fear that I will be called a Wop.

As soon as i find out why people have such things as surnames, i match my
own against such typically Italian cognomens as Bianchi, Borello, Pacelli-
the names of other students. I am pleasantly relieved by the comparison.
After all, I think people will say I am French. Doesn't my name sound
French? Sure! So thereafter, when people ask me my nationality, I tell them
I am French. A few boys begin calling me Frenchy. I like that. It feels fine.
Thus I begin to loathe my heritage. I avoid Italian boys and girls who try to
be friendly. I thank God for my light skin and hair, and i choose my
companions by the Anglo Saxon ring of their names. If a boy's name is
Whitney, Brown, or Smythe, then he's my pal; but I am always a little
breathless when I am with him; he may find me out. At the lunch hour I
huddle over my lunch pail, for my mother doesn't wrap my sandwiches in
wax paper, and she makes them too large, and the lettuce leaves protrude.
Worse, the bread is homemade; not bakery bread, not "American bread". I
make a grat fuss because I can't have mayonnaise and other "American"
things.[138]

In che misura le storie di John Fante siano autobiografiche non ci
è dato saperlo, ma certamente hanno un forte sapore e colore di
esperienza vissuta. Ambientate nel quartiere italiano di Denver,
Colorado, queste storie toccano alcuni dei temi e dei problemi che
hanno riguardato altri scrittori italoamericani: la mescolanza di
nostalgia e disprezzo che caratterizza i sentimenti del giovane

---

[138]

? "Vado alla scuola parrocchiale con una terribile paura di essere chiamato "wop". Appena
scopro perchè la gente ha queste cose al posto dei cognomi, paragono il mio con i tipici
cognomi italiani come Bianchi, Borello, Pacelli, i cognomi degli altri studenti. Sono
piacevolmente sollevato dal risultato della comparazione. Dopotutto, penso che la gente dirà
che sono francese. . Non suona francese il mio cognome? Sicuro! Così da ora in poi quando
mi chiedono la nazionalità gli dico che sono francese. Alcuni ragazzi già cominciano a
chiamarmi "francesino". Mi piace, è una cosa piacevole. In questo modo inizio a detestare
la mia origine. Evito i ragazzi e le ragazze italiane che provano ad essere miei amici.
Ringrazio Dio per non avere pelle e capelli scuri, e scelgo i miei compagni in base al suono
Anglosassone dei loro cognomi. Se il cognome di un ragazzo è Whitney, Brown o Smythe,
allora è mio amico; ma sono sempre un poco in ansia quando siamo insieme; può scoprire
chi sono. All'ora di pranzo , copro il mio cestino perchè mia madre non avvolge i panini con
la carta paraffinata, e li confeziona troppo grandi con la lattuga che sporge. Ancora peggio,
il pane è fatto in casa, non è quello del fornaio e non è pane americano. Faccio una grande
trambusto perchè non posso avere la maionese ed altre cose americane. John Fante, *Dago
Red*, New York, Viking, 1940, p.24.

protagonista nei confronti della sua origine italiana; il suo profondo attaccamento ai valori, inculcatogli da una rigida educazione cattolica, la sua adorazione dei santi e il culto della Madonna sono un qualcosa di inestricabilmente legato alla superstizione e alla paura. Il protagonista, inoltre, deve anche affrontare una difficile situazione domestica, facilmente riscontrabile in tutti gli scritti italoamericani, derivata non solo da fattori etnici, ma anche dalla lotta per l'affermazione delle tipiche famiglie del basso ceto medio americano tra le due guerre mondiali.

Un altro romanzo che tratta dei problemi della crescita e dell'educazione di un giovane italoamericano è *No Bright Banner* di Michael De Capite, pubblicato nel 1944. Il libro narra la storia di Paul Barone, dall'infanzia passata a Cleveland negli anni venti alle sue esperienze a New York negli anni trenta fino al suo arruolamento nell'esercito americano durante la seconda guerra mondiale. Attraverso una miriade di esperienze, di incontri, di processi, di errori e di conflitti ideologici, Paul decide finalmente che può serenamente e con la coscienza a posto combattere per gli Stati Uniti contro l'Italia. Una delle cause che lo spingono verso questa decisione è la scoperta che l'odio per la menzogna fascista è più forte delle mezze verità della sua esistenza negli Stati Uniti. In questo modo nelle sue mani non c'è nessuna "Bright Banner" mentre contempla gli orrori della guerra. E' animato semplicemente dalla fede in alcuni aspetti positivi della società Americana, la quale, anche con tutti i suoi difetti, è senza dubbio migliore se paragonata alle ambizioni dittatoriali degli stati oppositori europei.

L'esperienza della seconda guerra mondiale, dunque, fu particolarmente amara per gli italoamericani, perchè si trovarono opposti ai loro consanguinei. Nel romanzo *Love and Pasta,* Joseph Vergara fa riflettere su questo dilemma un soldato italoamericano: "In those first days, I was asking myself, how would I react if they would sent me in Italy. Could I consider the Italians as enemies ? Would I succeded in shooting one of my father's compà ?" [139]

Come ho rilevato in precedenza, quasi tutti i romanzi scritti da italoamericani trattano della classe operaia, ed i problemi e le aspirazioni delle famiglie immigrate formano un'atmosfera particolare nella quale sono rivelate al lettore le diverse sfaccetture della società americana. Non fa eccezione a questa regola *Like Lesser God* (1949) di Mari Tomasi. La vicenda è ambientata in una piccola cittadina del Vermont, Granitetown, in due differenti periodi storici, nel 1924 e nel 1941. Il romanzo descrive una serie di episodi della vita quotidiana dei minatori italoamericani di Granitetown. Tomasi ritrae la vita familiare dei lavoratori mettendo in rilievo equamente sia le piccole gioie che i frequenti dolori, una vita fatta di duro e disperato lavoro, ma che dà anche spazio a feste e celebrazioni religiose, ad amori e passioni giovanili, a raccolte di funghi negli splendidi boschi e paesaggi del Vermont. La minaccia onnipresente che turba la vita di questa comunità è rappresentata dalla terrificante malattia della silicosi, che spesso porta una prematura sofferenza e morte ai poveri minatori. E' questa inevitabile e tragica realtà che colpisce

---

[139] " In quei primi giorni, mi domandavo come avrei reagito se fossi stato mandato in Italia. Potevo considerare nemici gli Italiani.? Sarei riuscito a premere il grilletto se avessi visto uno dei compà di mio padre?" J. Vergara, *Love and Pasta*, New York, Harper & Row,1969, p. 116.

e commuove il lettore più di ogni altra cosa. Nonostante il valore di molti brani e descrizioni realistiche, l'opera di Tomasi non fornisce una prospettiva unica dalla quale osservare e valutare gli episodi descritti, e l'autore, spostando continuamente la narrazione su vari livelli sia linguistici che temporali, non dà un senso di piena unità strutturale.[140]

Uno dei romanzi più complessi ed efficaci che apparvero sulla scena letteraria americana dei primi anni sessanta fu *Tree of Dark Reflection* di Rocco Fumento, pubblicato nel 1962. E' un'analisi molto esaustiva delle cause psichiche e sociali che causano la rovina, il fallimento e l'autodistruzione di una famiglia italoamericana. *Tree of Dark Reflections* è anche una storia sul tentativo di riconciliare i due pricipali elementi dell'eredità culturale del protagonista, l'esperienza italiana e quella americana. Prima della sua decisione finale di dedicarsi alla scrittura, una scelta che sta in qualche modo ad indicare un grado di accettazione e conoscenza di se stesso , tutto quello che concerne la vita del protagonista, Danny Faustino, è diviso, frammentato, fatto a pezzi da forze inconciliabili presenti sia nella sua stessa natura, che nell'ambiente nel quale cresce. Si accorge in giovanissima età che la sua personalità è il risultato delle opposte qualità che ha ereditato dai genitori: il padre Domenico, un muratore violento, cinico e alcolizzato, e la madre devota, molto dedita alla casa e sofferente, che condiziona la sensibilità del ragazzo spingendolo sempre da un estremo all'altro, dalla rabbia alla passività, dalla fervente religiosità allo scetticismo, dai desideri spirituali alla più violenta e brutale

---

[140] Cfr. R. Basile Greene, "The Italian American Novel in the..." cit. , p.4 in J.M Cammet (ed.) *op.cit.*

sensualità. E' solo attraverso un ostinato e a volte eroico sforzo di sciogliere   i segreti delle sue origini, scoprendo i fattori profondi   sia culturali che psicologici che hanno formato   i genitori e di conseguenza hanno condizionato il suo sviluppo, che Danny riesce finalmente a raggiungere una consapevolezza e una misura della sua identità e personalità. Il suo odio per il padre ubriacone e violento si attenua solo nell'episodio conclusivo del romanzo, quando scopre che il padre, quando era giovane in Italia, voleva diventare un sacerdote ma la passione per la madre aveva offuscato e turbato questo suo desiderio. Danny capisce anche che la madre ha incosciamente represso tutti gli impulsi religiosi del marito, vedendoli come una possibile minaccia per la stabilità del matrimonio.

Danny perdona il padre, ma solo dopo la sua morte. Fumento sembra dirci in questo modo che tutti i rapporti umani sono così legati dal senso di colpa e dal sospetto reciproco, che solo la serenità della riflessione e il distacco che si ottiene analizzando il passato possono portare pace e comprensione. Il presente è ingannevole, rovinato ed irreparabilmente distorto, e in questo modo la funzione dello scrittore diventa quella di staccare se stesso dal marasma del presente e trovare saggezza e conforto nel passato. E questo è precisamente quello che fa Danny quando nel 1944 arriva in Italia per visitare il luogo di nascita del padre e ritrovare le proprie origini. Ed è ciò che fa anche nell'episodio finale dell'opera quando forza la madre a rivelare il segreto della sua passione e dei suoi concitati tentativi di distogliere il padre dal sacerdozio. Ma la storia centrale del romanzo è la relazione tra Danny e Miriam, una ragazza ebrea che, forzata dalle circostanze, è costretta a vivere nel degradato quartiere italiano di una cittadina del Massachusetts dove Danny e nato e cresciuto. Anche questa relazione è destinata al fallimento. Anche Miriam e suo fratello Mark sono perseguitati e maltrattati da un'infanzia infelice. Il suicidio del padre li priva infatti del suo amore e della sua ricchezza, e la madre, incapace di mantenere la lussuosa casa in cui abitavano, è costretta a trasferirsi con i figli in una fatiscente e piccola abitazione del quartiere italiano. Qui la famiglia diventa a sua volta vittima dell'antisemitismo superstizioso della comunità italiana. Danny e Miriam cercano di superare questi ostacoli, e dopo alcuni anni di relazione e incontri segreti diventano molto uniti. Questa profonda unione provoca però dei forti risentimenti nel fratello di Miriam che è accecato dalla gelosia per la sorella. Danny cerca disperatamente di oltrepassare le barriere che lo dividono da Miriam ma fallisce. Miriam stessa è così tormentata e combattuta che, paradossalmente, si converte al cattolicesimo diventando suora nel preciso momento in cui Danny, nato cattolico, sta cercando una visione più umanistica e razionale della vita. Incomprensioni, diffidenza, differenze sociali e culturali e soprattutto il senso di colpa che pervade l'esistenza di entrambi rendono la relazione impossibile. La loro storia è soltanto una di una serie di sconfitte descritte con grande sensibilità dall'autore. *Tree of Dark Reflection* è un romanzo inesorabilmente pessimistico nella sua valutazione della condizione umana, anche alla luce dell'alienazione e della disperazione personale di un giovane italoamericano di seconda generazione in cui possiamo per certi tratti riconoscere le esperienze dell'autore stesso.

I nuovi sviluppi della narrativa italoamericana contemporanea lasciano ben sperare per il futuro. Sicuramente esistono molti temi nuovi nella storia recente degli italoamericani a cui gli scrittori posso attingere. Infatti lo spostamento sempre più massiccio dalle Little Italies nel grande mobile e pluralistico *mainstream* americano, opera un confronto serrato con i cambiamenti rapidissimi dei valori e dello stile di vita; i conflitti derivanti e le crisi di identità svilupperanno, quindi, quelle tensioni necessarie per la creazione di opere narrative originali.

7.3 L'ESPERIENZA AUTOBIOGRAFICA: The Soul of an Immigrant, Christ in Concrete.

Nei primi decenni del novecento nel panorama culturale e letterario statunitense si assistette ad una notevole proliferazione di autobiografie di immigrati. Il fenomeno poi si è sviluppato in modo notevole fino ai giorni nostri. [141] In questo particolare contesto, l'autobiografia *The Soul of an Immigrant* di Constantine Panunzio, e il romanzo autobiografico *Christ in Concrete* di Pietro Di Donato hanno una doppia importanza: sono due delle opere autobiografiche di maggiore rilievo e popolarità e alcune delle prime creazioni culturali di una nascente e specifica letteratura italoamericana.

---

[141] L'autobiografia è stata sempre uno dei mezzi di espressione più validi ed efficaci per esporre in maniera realistica le esperienze, le sconfitte, i traumi, i ricordi, le affermazioni e il successo individuale. Gli italoamericani ne hanno fatto grande uso a cominciare da Decimus Barziza, ufficiale confederato che racconta le sue esperienze di prigionia in un campo nordista con *The adventures of a Prisoner of War, 1863-1864*. Ricordiamo tra gli altri autori Pascal D'Angelo in *Son of Italy* (1924) che narra dei problemi affrontati come immigrato e della sua lotta per diventare un poeta; Fiorello La Guardia che in *The Making of an Insurgent* (1961) descrive i suoi primi successi politici e la sua carriera congressuale; Frank Capra che in *The Name above the Title* (1972) narra la storia della sua vita di produttore cinematografico. Possiamo altresì includere anche una numerosa schiera di sconosciuti che hanno affidato le loro memorie a questo mezzo di espressione.

Ho posto la mia attenzione sul genere autobiografico, e su queste due opere in particolare, perché oltre a contenere molte preziose notizie, spesso introvabili, sull'esperienza degli immigrati italiani, confermano ciò che è stato detto nella prima parte di questo lavoro, in quanto trattano temi che vanno dalle difficoltà iniziali al momento dello sbarco, al difficile, traumatico e doloroso inserimento nel mondo del lavoro, dalle relazioni inter- familiari e con la società americana alla ricerca di una propria identità.[142]

The Soul of an Immigrant di Constantine M. Panunzio è uno dei primi resoconti documentaristici sull'esperienza dell'immigrato italiano in America che acquisì una certa notorietà. Nell'introduzione all'opera Panunzio spiega che per la prima volta raccontò questa semplice storia ad un suo curioso compagno di studi nell'inverno del 1905-06.[143] Ma con il passare degli anni, il bisogno di esporla ad un pubblico più numeroso diventò impellente, come l'autore stesso afferma:

"With the close of the War, however, and with the unprecedented way in which the American public has turned its attention to the all important question of the assimilation of the immigrant, it became increasingly clear to me that I owed it to my adopted country to give the story to the public."[144]

Le date essenziali della vita dell'autore, che è anche il narratore e protagonista dell'opera, sono le seguenti: nasce a Molfetta in provincia di Bari nel 1884; arriva a Boston all'età di diciotto anni, il 4 luglio 1902; il 10 marzo 1904 decide di iscriversi a scuola; il

---

[142] Uno studio molto interessante sulle autobiografie degli immigrati negli Stati Uniti da cui ho attinto alcune delle informazioni presenti nel testo è quello di W.Boelhower, *Immigrant Autobiography in the United States* (Four Versions of the Italian American Self), Verona, Essedue Edizioni, 1982.

[143] Constantine M. Panunzio, *The Soul of an Immigrant*, New York, Arno Press, 1969, pag ix. Ristampa dell'edizione del 1924 di Mcmillian Co.

[144] "Con la fine della guerra, comunque, e per il modo senza precdenti con il quale il pubblico americano ha diretto la propria attenzione a tutto il problema dell'assimilazione dell'immigrato, divenne sempre più chiaro per me che il rendere pubblica la storia era un debito che avevo nei confronti della mia patria adottiva." *Ivi,* p. X.

17 aprile 1904 entra in seminario al Maine Wesleyan Seminary; nel 1907 si iscrive alla Wesleyan University, Connecticut; nel 1911 riceve un A.B. ed entra all Boston University School of Theology con l'intenzione di diventare ministro; nel 1912 riceve un M.A; nel 1914 può ritirare le carte che testimoniano la sua avvenuta naturalizzazione; nel 1916 viene messo in prigione; nel 1918 è in Europa; il 28 settembre del 1919 ritorna negli Stati Uniti e il 3 maggio del 1921 scrive l'introduzione all'autobiografia.

Verso i diciassette anni di età, in Italia, l'adolescente Costantino comincia ad udire il richiamo del mare ("The Call of the Sea", è il titolo del secondo capitolo), perchè sua nonna e suo padre ignoravano le sue tendenze naturali i suoi propositi di una vita diversa, ma soprattutto perché volevano imporgli un modello di vita predisposto già prima della sua nascita. La nonna, figura austera ed autoritaria, cerca subito di plasmarlo sull'immagine del marito, il patriota Don Constantino, così che: *"the first time I became conscious of my existence it seemed that I was not I, but grandfather reborn in me."*[145]

Il suo piano per il nipote era strutturato in questo modo: *"first priest, then teacher, and then statesman."* [146]

 Nella descrizione di questi particolari, Panunzio presenta l'Italia in termini molto negativi, come terra dominata da valori come l'obbedienza cieca verso i progenitori, il peso dell'eredità, e la mancanza di opportunità di sviluppo. Queste sono le principali cause che stanno dietro alla decisione del ragazzo di emigrare in cerca di una vita migliore.

---

[145] "la prima volta che divenni conscio della mia esistenza, mi sembrò di non essere me stesso, ma mio nonno rinato in me". *Ivi,* p.12.
[146] "prima sacerdote, poi insegnante, ed infine uomo di stato". *Ivi,* p.48.

Munito di grandi speranze ed attese, Costantino si trova immerso nella multiforme realtà americana vivendo una drammatica e continua serie di esperienze negative (è derubato, truffato, maltrattato, e messo in galera come nella migliore tradizione picaresca).

Come Huckleberry Finn (c'è anche una scena in cui si trova sopra una zattera), Costantino vaga senza una precisa meta nel grande scenario americano cercando di ritornare a casa. Dopo numerose disavventure, alla fine si ritrova completamente solo in una stazione ferroviaria di una città strana e sconosciuta, con la faccia tra le mani: *"Whenever I think of that scene, there comes to my mind the picture of the Prodigal Son. But in that parable there was no ocean, no foreign country, and it was comparatively easy for the son to return to his father."* [147]

Nonostante il desiderio dell'autore di enfatizzare la sua lotta interiore e le sue riflessioni sul desiderio latente di ritornare a casa (visto che la realtà del nuovo paese e l'accoglienza non erano state quelle preventivate), tutta la prima metà della sua autobiografia è una descrizione dettagliata sulla degradazione, miseria, e discriminazione vissute dal protagonista.

Al momento dell'arrivo, si accorge traumaticamente di non conoscere la lingua, di non avere amici o parenti, e di avere solo 50 cents in tasca. Vista la drammatica situazione, si fa strada in lui il desiderio di rientrare in Italia. Tipico di quasi tutte le autobiografie degli immigrati, il punto cruciale di inserimento nella nuova realtà è la ricerca di una occupazione. Nell'opera in questione troviamo descritto tutto il sistema lavorativo

---

[147] "Ogni volta che penso a quella scena, mi ritorna in mente l'immagine del figliol prodigo. Ma in quella parabola non c'era di mezzo l'oceano e un paese straniero, ed era relativamente facile per il figlio ritornare dal padre." *Ivi,* p. 103.

convenzionale caratteristico degli immigrati, dal *padrone* siciliano al cantiere e al povero immigrato ignorante. Panunzio impara subito qual'è l'unico lavoro disponibile per gli italiani, cioè "pick and shovel." [148]

Conosce immediatamente gli sporchi meccanismi del "Padrone System", perchè dopo una settimana di durissimo lavoro finisce per essere indebitato piuttosto che guadagnare. Panunzio sperimenta poi il "peonage system", attraverso il quale gli immigrati sono portati in campi di lavoro dai quali è impossibile scappare. In altri episodi scopre il pregiudizio razziale, la povertà, la solitudine e la prigione, estraendo il materiale per la sua autobiografia da esperienze strettamente personali, e da anni di osservazione come immigrato fra gli immigrati.

 Nel 1921, il problema dell'immigrazione era molto sentito e la franchezza con cui Panunzio parlava di ingiustizia sociale, razzismo, e pregiudizio suscitò molto clamore. Una recensione apparsa nel *Boston Transcript* del 22 ottobre 1921 commentò:

"This is perhaps the most important sketch of the immigrant's relations with the adjustments to America... It bristles with matter of great pith and moment." [149]

Un articolo contenuto nello *Springfield Republican* del 16 ottobre 1921 commentava così: "The book is probably destined to take a place in the authoritative literature of Americanization as a distinct contribution to this branch of sociology." [150]

---

[148] "scavare e spalare", *Ivi,* p.76.

[149]"Questa è forse la più importante descrizione delle relazioni degli immigrati con la realtà americana..Impressiona con argomenti di grande importanza e significato." cit. in O.Peragallo, *op.cit.*, p.175.

[150]Il libro è destinato probabilmente ad avere un posto nell'autorevole letteratura sulla americanizzazione come un distinto contributo a questo ramo della sociologia.", *Ivi,*p.176.

Nel capitolo finale, prima di ritornare definitivamente negli Stati Uniti, Panunzio ripete ancora una volta la sua proiezione mitica ed ideale dell'America, con ancora più intensità retorica: *"I looked toward the west, and in my soul I said, "Through the Western window comes the light."* E ancora: *"Now I turned my steps by definite choice toward that country of which the sages dreamed: AMERICA."* [151]

Secondo l'autore il progresso e la civilizzazione seguono un processo che va in direzione Ovest. Il suo ideale del Nuovo Mondo può essere scomposto in queste componenti: l'ignoto, la speranza, il futuro, le grandi opportunità, il mito, il West, l'individualismo; mentre la realtà del Vecchio Mondo è contraddistinta da componenti perlopiù negative come le cose conosciute, il ricordo, il passato, le opportunità limitate, la storia e la leggenda, la famiglia.

In tutte le esperienze del protagonista il lettore ha la possibilità di paragonare la realtà del Vecchio Mondo con quella degli Stati Uniti.

L'immigrato Panunzio, arriva in America come rappresentante di un distinto mondo sociale e culturale. Di conseguenza l'interazione fra i due mondi comporta anche il mettere a contatto due differenti realtà globali.

Questo dualismo presente nel testo non fa riferimento soltanto al sistema culturale della nuova realtà, ma anche alle diverse esperienze personali di ogni immigrato:

"While a fortunate few, like myself, do emerge from the immigrant masses and write appreciative accounts of American life, there are millions who

---

[151] " Guardai verso Ovest e dissi dentro di me: la luce proviene attraverso la finestra dell'occidente". "Adesso dirigo i miei passi definitivamente verso quel paese sognato dai saggi: AMERICA." C.M. Panunzio, *op.cit.*, pp.326-327.

remain buried in cities within cities; and who... never catch a glimpse of the true America; millions who never come in personal contact with a real American." [152]

The Soul of an Immigrant unisce al suo interno molte qulità interessanti. Oltre ad essere un'opera intensa, e di notevole valore letterario tenta di offrire qualcosa di concreto riguardo la soluzione del problema degli immigrati: *"only by offering the immigrant the best there was in America and by giving him an opportunity to contribute the best, can we as a nation ever hope to make the immigrant a part of us. "[153]*

Christ in Concrete (1939) di Pietro Di Donato è stata invece la prima opera narrativa italoamericana ad avere un vasto successo nazionale, illustrando e semplificando la "visione proletaria" che dominava la letteratura americana degli anni trenta. Pur non essendo una vera e propria autobiografia in quanto il protagonista porta, ad esempio, il nome fittizio di Paulie e non quello dell'autore, la narrazione è largamente autobiografica ed illustra la lotta per la sopravvivenza di una famiglia italoamericana, dopo la morte accidentale del padre.

Pietro Di Donato nacque nell'aprile del 1911 a West Hoboken, New Jersey, il più grande di otto fratelli. Il padre e la madre, emigrati alcuni anni prima, provenivano da un piccolo paesino dell'Abruzzo; arrivati negli Stati Uniti si stabilirono nel quartiere italiano di West Hoboken, dove il giovane Pietro crebbe circondato da un ambiente misero e squallido. Il desiderio più

---

[152] " Mentre pochi fortunati, come il sottoscritto, riescono ad emergere dalle masse immigrate ed a scrivere resoconti che elogiano la vita americana, esistono milioni di persone che rimangono seppellite in città dentro le città; che non riescono mai a vedere neppure di sfuggita la vera America; milioni di individui che non hanno mai un contatto peronale con un vero americano." C.M. Panunzio,*op.cit.*, p.183.

[153] " Solo offrendo all'immigrato il meglio dell'America, e dandogli un'opportunità per contribuire a portare un miglioramento, possiamo, come nazione, sperare di far diventare l'immigrato parte di noi." *Ivi,* p.219.

grande del padre dello scrittore era quello di riuscire a guadagnare abbastanza denaro per comprare una casa in campagna, dove i bambini avrebbero beneficiato dell'aria pura, del verde, e delle migliori condizioni di vita. Quando il suo sogno stava finalmente per realizzarsi, il destino lo priva della vita; durante un lavoro di costruzione viene infatti sepolto vivo dalle pietre e dalla calce per un cedimento strutturale, dovuto principalmente all'uso di materiali difettosi, di una parete di un edificio.

A quel tempo il giovane Di Donato aveva dodici anni, e sulle sue fragili spalle si posò tutto il peso e la responsabilità di provvedere ai bisogni della numerosa famiglia, anche perchè la madre in quel momento era in attesa di un altro figlio. Fedele alla tradizione di famiglia, in cui gli uomini erano da generazioni abili muratori, Pietro seguì le orme del padre e, nonostante la sua giovane età, in pochi anni potette avviare una sua propria attività. Questi furono veramente anni duri e difficili per il giovane e la famiglia. La madre infatti non si riprese più dal dolore e dallo shock per la tragica morte del marito, morendo pochi anni dopo e lasciando tutta la responsabilità del mantenimento della famiglia al figlio più grande.

Nonostante il duro lavoro manuale che svolse, trovò comunque il tempo di continuare gli studi, frequentando corsi serali di ingegneria, e dedicandosi sempre in maggior misura alla lettura. Quando anche i suoi fratelli e sorelle iniziarono a contribuire al mantenimento della famiglia, Pietro riuscì finalmente a realizzare il sogno del padre di possedere una casa in campagna. La famiglia si trasferì così a Northport, Long Island, dove Di Donato risiedette fino alla fine dei suoi giorni.

L'autore ebbe così il tempo di sperimentare, attraverso la scrittura, la sua passione per la letteratura e di raccontare le sue dure vicende personali; così nel 1938, si prese un anno di ferie dal lavoro e scrisse, quasi tutto di getto, *Christ in Concrete*. Quando nel 1939 l'opera fu pubblicata, suscitò molta commozione e sensazione sia tra il pubblico che tra la critica.

Una delle cose che colpiscono il lettore è senza dubbio lo stile dello scrittore, che per creare un sempre più realistico ritratto dei personaggi opera, nei dialoghi, una quasi traduzione letterale dall'italiano, omettendo l'articolo, e facendo uso di un rozzo e grossolano misto di italiano e inglese. Se questo utilizzo di un linguaggio "slang", pieno di espressioni idiomatiche tipiche di un linguaggio familiare italoamericano, aggiunge colore e autenticità alla narrazione, è stato anche molto criticato da diversi lettori. Una recensione nel *London Times Literary Supplement* puntualizzava:

"The author has a coarse virility of phrase that is sometimes impressive and a turn of luscious dialogue - closely moulded to italian speech - where bawdiness or religious feeling is concerned that is acceptable enough. But there are yards of rethorical and overwritten stuff, lashing of the horrific and an excessively immature fondness for prose experiment." [154]

Altri critici videro comunque in maniera positiva lo stile del tutto particolare di Di Donato, come Louis Adamic che in un commento all'opera scrisse: *"Di Donato has achieved something extremely difficult. He has translated the spirit of the Italian lyric*

---

[154] "L'autore ha un modo di espressione rozzo e virile che a volte è impressionante, e una forma di dialogo gustoso, strettamente plasmato sull'italiano, laddove riguarda l'oscenità o il sentimento religioso che è abbastanza accettabile. Ma ci sono chilometri di pagine retoriche e troppo copiose, appesantite dal gusto dell'orrifico e da un'eccessiva ed immaura predisposizione per gli esperimenti di prosa." London Times Literary Supplement, 21 Ottobre 1939, citato in O. Peragallo, *op.cit.*, p.91.

conversation and colloquialism into American speech, which strikes one as quite natural."[155]

Anche lo scrittore Jerre Mangione dà un suo giudizio sullo stile dell'opera: *"Di Donato's style of making the dialogue sound like a literal translation from the Italian is a little difficult for the reader not on speaking terms with Italian.... although the results are often rich and poetical, sometimes the phraseology is unnecessarily rigid."* [156]

Ma è l'autore stesso, in una lunga intervista del 1985, rilasciata all'età di settantaquattro anni, che chiarifica, tra le tante cose, l'uso di questo partcolare linguaggio:

" By virtue of not having had an education, I can be direct and literal and translate literally. If my mother said a thing a certain way, that's the way I translated it, without any thought of grammar or this or that. It come across, and there it is. That's why it looks so different and so original Then the next thing, of course, the dramatic structure, well that's dictated by my nature, by my rhythms, by my volatily, that which I cannot change.[157]

Nonostante questa particolarità nella forma e nell'apparato tecnico, il romanzo autobiografico suscita interesse soprattutto per i temi trattati e per lo svolgimento tragico della storia.

Una delle tematiche che si sviluppano attraverso la narrazione è di natura prettamente politica. Di Donato protesta infatti

---

[155] "Di Donato ha ottenuto un risultato estremamente difficile. Ha trasferito lo spirito della conversazione lirica e del linguaggio colloquiale italiano nel modo di parlare americano, il che colpisce come se fosse perfettamente naturale." <u>Saturday Review of Literature</u>, 26 agosto 1939, citato in O. Peragallo, <u>op.cit.</u> , p. 91.

[156] "Lo stile di Di Donato, che dà l'impressione che il dialogo sia una traduzione letterale dall'italiano, è difficile per il lettore che non ha dimestichezza con questa lingua.... sebbene i risultati siano spesso ricchi e poetici, a volte la fraseologia è inutilmente rigida.", <u>New Republic</u>, 30 Agosto 1939, citato in O. Peragallo, <u>op.cit.</u>, p.91.

[157] "Non avendo avuto un'istruzione, posso essere diretto, conforme alla realtà, e tradurre letteralmente. Se mia madre diceva una cosa in una certa maniera, quello è il modo in cui l'ho tradotta, senza pensare alla grammatica o ad altri accorgimenti. Veniva così da solo. Ecco perché appare così diverso ed originale. Un'altra cosa, poi, è la struttura drammatica, bene, quella è dettata dalla mia natura, dai miei ritmi e dalla mia volubilità, che non posso cambiare." P. Di Donato in D. von Huene-Greenberg, *A Melus Interview: Pietro Di Donato*, Melus Volume 14, Nos.3-4, autunno/inverno 1987, p.36.

violentemente contro lo sfruttamento dei lavoratori operato dal sistema capitalistico statunitense, personificato nell'autobiografia dal "Job", ossia dal lavoro. Fin dalla prima scena, in cui descrive la morte del padre seppellito vivo da una frana di un edificio (una ricostruzione fedele della morte del proprio padre), alla scena finale dove il protagonista, Paulie, rifiuta la religione, tutta la narrazione è fortemente impregnata della teoria marxista.

Per il sistema economico e lavorativo americano, gli operai immigrati sono semplici bestie da soma, merce industriale; e quando il loro potenziale produttivo è stato sfruttato sono ignorati senza pietà. Il sistema socio-politico non protegge gli immigrati, ma il lavoro e il capitale. Quando la madre di Paulie, dopo la morte del marito, chiede assistenza agli organi dello stato, alla ditta di costruzioni, al garante federale e al procuratore, li sente tutti parlare un linguaggio incomprensibile, sempre sorridenti mentre cospirano tra di loro per negarle l'aiuto richiesto. La povera donna viene ulteriormente beffata quando il capo della ditta di costruzioni, responsabile del crollo del palazzo, viene giudicato innocente e completamente estraneo alla vicenda della morte del muratore. Comunque *Christ in Concrete* è molto di più di una condanna del sistema capitalistico americano; è anche una celebrazione della grande tradizione di solidarietà, supporto e conforto presente tra gli immigrati italiani. Quando il padre di Paulie muore, lo zio del ragazzo diventa il suo padrino, e quando lo zio non può più prendersi cura del ragazzo (dopo un incidente sul lavoro nel quale perde l'uso di una gamba) un paesano, che non ha alcuna relazione di parentela con la famiglia, si offre volontariamente come nuovo padrino, insegnando al giovane i segreti della professione del muratore. Nel momento in cui le istituzioni americane negano l'aiuto alla madre di Paulie, gli abitanti del quartiere (alcuni dei quali non-italiani) si prodigano per fornire cibo e assistenza economica per lei e per i suoi figli. Ogni scena di tragica sofferenza è bilanciata dalla presenza di una celebrazione comunitaria, come nella descrizione dei festeggiamenti per il ritorno dall'ospedale dello zio di Paulie, sebbene con una gamba amputata. Ogni volta che gli immigrati del quartiere vengono a portare conforto alla famiglia lo fanno in maniera gioiosa, cantando canzoni in dialetto, suonando il tamburello, ballando la tarantella, scherzando, bevendo e mangiando fino alla sazietà. Nei momenti di discussione, gli immigrati sono soliti parlare orgogliosamente della loro eredità italiana e della loro parentela con Michelangelo, Raffaello e Dante, alzando il bicchiere e urlando: *"We are Italians ! We are the glory of Rome, the culture ! 158*

E' questo, secondo Di Donato, l'autentico spirito italiano, quello dei figli d'Italia appartenenti alla classe operaia in rivolta permanente contro lo sfruttamento. L'opera quindi ritrae una comunità italiana unita nella feroce protesta contro il tentativo del gruppo culturale dominante di sfruttarla ed egemonizzarla. In questo particolare contesto la visione di Di Donato della Little Italy diverge da quella di un altro grande scrittore italoamericano dell'epoca, Garibaldi Lapolla i cui romanzi *The Fire in the Flesh* (1931), e *The Grand Gennaro* (1935) esprimono una diversa concezione dell'essere italiano in un ambiente ostile. Questo è dovuto principalmente anche alla diversa estrazione sociale ed educazione dei due scrittori. Lapolla infatti compì tutti gli studi

---

158 "Siamo Italiani ! Noi siamo la gloria di Roma, la cultura!" Pietro Di Donato, *Christ in Concrete*, Indianapolis, Bobbs-Merril, 1939, pp.261-62.

fino a diventare prima professore d'inglese in una scuola di New York e poi preside di una High School. Partendo da queste considerazioni, non è sorprendente che la prosa sia stilisticamente più pulita e tematicamente più "borghese" ed assimilazionista che quella "proletaria" di Di Donato , il quale, come il suo personaggio Paulie, era stato costretto ad abbandonare gli studi in tenera età per lavorare. Dove Di Donato enfatizza la potenza schiacciante del sistema capitalistico industriale, Lapolla pone l'accento sulla natura elastica e amalgamante della cultura italoamericana, con i suoi personaggi che, tranne alcune rare eccezioni, non abbandonano mai completamente la propria eredità ed acconsentono al processo di assimilazione. I romanzi sulle little Italies di Lapolla rivaleggiano con *Christ in Concrete* nell'abilità di comunicare i sentimenti di vergogna, disperazione e rabbia propri degli immigrati italiani del periodo; ma dove Di Donato ritrae una comunità italoamericana unita nella solidarietà contro lo sfruttamento, la narrativa di Lapolla si preoccupa più di esplorare le questioni interetniche, e i conflitti all'interno delle famiglie e tra gli immigrati.

Comunque tutti e due ci fanno vedere che, anche nei momenti peggiori, la vita delle comunità italiane è vibrante e ricca, con gli abitanti che, sostenuti da una tradizione culturale fatta di stenti e sacrifici, possono affrontare al meglio i gravi e tragici problemi della nuova realtà.

Per gli anglo-americani che si trovarono sempre più spesso ad associare gli italiani con il socialismo e l'anarchia, il prospetto di una possibile "italianizzazione" della società era un incubo, ed un libro come *Christ in Concrete*, con il suo duro attacco al capitalismo e al cristianesimo (nell'ultimo capitolo, Paulie frantuma il crocifisso appartenuto alla madre), fu uno shock notevole.

La storia, come abbiamo rilevato in precedenza, è profondamente autobiografica, ed è tutta incentrata sulla lotta per la sopravvivenza della famiglia di Paulie che viene privata di una guida. La cosa che bisogna rimarcare è che l'opera è scritta da un uomo che è cresciuto ed ha lavorato all'interno del mondo che descrive, e che gradualmente acquisisce una coscienza politica sulla sua posizione economica e culturale. Con la ricchezza di dettagli e aderenza alla realtà della vita dell'immigrato in tutte le sue manifestazioni (la durezza dell'ambiente lavorativo mitigata in parte dalla solidarietà etnica, le feste, i funerali, e una grande spiritualità in mezzo alla lotta senza fine per vincere la povertà), Di Donato rappresenta magnificamente le complesse sensazioni del protagonista nei confronti del lavoro.

L'opera dimostra una profonda e spesso distruttiva ambivalenza nelle relazioni tra gli immigrati e il lavoro. Se da un lato la forza lavoro, cioè la capacità di svolgere bene il proprio compito, è un qualcosa di cui essere orgogliosi, dall'altro quando questa forza produttiva è tutto ciò che si possiede (cioè i valori economici della cultura dominante), allora ci si trova in una situazione di impotenza: gli immigrati non possono opporre alcuna resistenza alle forze che controllano le loro vite. La fonte del loro orgoglio maschile è anche la fonte della loro umiliazione.

Ad esempio Geremio, capo muratore e leader dei lavoratori, esprime il suo orgoglio parlando e raccontando quasi esclusivamente della giornata lavorativa: *"Hand to hand I have locked dumb stones in place and the great building rises. I have earned a bit of bread for me and mine."* [159]

Questo tipo di affermazione è un caratteristica celebrazione di forza fisica e di abilità (si dà una forma a del materiale "stupido") che produce qualcosa di tangibile e duraturo, un qualcosa che può essere visto, in prospettiva più grande, come il contributo dell'immigrato alla costruzione dell'America. Geremio e gli altri lavoratori sono i *nation builders*, uomini che con il duro lavoro e il sacrificio di una vita hanno plasmato gli Stati Uniti. Geremio ricava il significato della sua esistenza nel riuscire a soddisfare i bisogni della famiglia, la cui grandezza sempre più rilevante è un'ulteriore conferma della sua virilità. Comunque, queste soddisfazioni sono costantemente minacciate dalla consapevolezza di Geremio che i materiali con cui lavora non sono suoi, il palazzo che costruisce non è suo, e non ha la garanzia che avrà sempre il lavoro assicurato. E' questa continua minaccia che smembra le relazioni interpersonali degli operai e modifica le loro attitudini verso il proprio lavoro.

Quando l'impresario rifuta la richiesta di Geremio di rinforzare l'edificio con più cemento, insultandolo con argomenti razzisti, Geremio non può far altro che abbassare il capo e soffocare la voglia di rispondere:

"The new home, the coming baby, and his whole background, kept the fire from Geremio's mouth and bowed his head. "Annunziata speaks of scouring the ashcans for the children's bread in case I didn't want to work on a job where... But I am not a man, to feed my own with these hands?" [160]

---

[159]Uno alla volta, ho ammassato stupidi mattoni al loro posto e il grande edificio cresce. Ho guadagnato un pezzo di pane per me e la mia famiglia". P. Di Donato, *op.cit.*, p.7.

[160]La casa nuova, il figlio in arrivo, e tutto il suo mondo, trattennero il fuoco dalla bocca di Geremio e gli fecero abbassare la testa. "Annunziata mi dice che sarebbe pronta a lavorare come donna delle pulizie nel caso no volessi svolgere un impiego dove...Ma sono o no un uomo capace di provvedere a me stesso e alla mia famiglia con le mie mani?". P. Di Donato, *op.cit.*, p.11.

Per Geremio l'ideale dell'uomo che provvede a tutto, che riesce a sfamare e a crescere tutta la sua numerosa famiglia, è il fattore che lo costringe ad essere sfruttato oltre ad essere la causa principale della sua tragica sconfitta. Infatti, il giorno stesso del colloquio con il boss, l'edificio crolla addosso a Geremio e ai suoi operai:

"Walls, floors, beams became whirling, solid, waves crashing with detonations that ground man and material in bonds of death. The strongly shaped body that slept with Annunziata nights and was perfect in all the limitless quantities thudded as a worthless sack amongst the giant debris that crushed fragile flesh and bone with centrifugal intensity." [161]

 Simbolicamente, Geremio muore trafitto da una barra di acciaio quasi ad affermare la fusione tra il materiale usato per il lavoro e l'individuo stesso, la cui persona è da considerare anch'essa, in ultima analisi, soltanto un materiale fatto di sangue, ossa, e muscoli.

Con la morte del capofamiglia, la responsabilità di provvedere ad Annunziata e ai suoi sette (quasi otto) figli ricade pricipalmente sulle spalle del figlio più grande, il quattordicenne Paul. E' attraverso l'iniziazione al mondo del lavoro di Paul che riusciamo a comprendere quale sia il significato intimo degli uomini che lo abitano. L'iniziazione avviene con una consegna rituale degli arnesi del padre. Ogni mattina prima di recarsi al lavoro Paul esamina con riverenza e rispetto il contenuto della borsa degli attrezzi paterni, compiendo un rituale quasi esorcizzante e magico: *"He contemplated the tools for a few minutes and then*

---

[161]Mura, pavimenti, travi divennero roteanti, solide e frantumanti onde, che crollando con esplosioni triturarono uomini e materiali in legami di morte. Il corpo vigorosamente modellato che la notte dormiva con Annuziata, e che era perfetto nell'abbondanza fisica senza limiti, cadde con un rumore sordo come un sacco senza valore tra le giganti macerie che frantumarono la fragile carne e le ossa con un'intensità centrifuga. *Ivi.*, p.17.

picked up the trowel and stuck it in his belt over his hip.... The trowel on his hip felt a shield, a sword, and as he walked uptown to where the jobs lay he felt bigger." [162]

Paul ha anche bisogno del talismano del padre, perchè, nell'immaginario del racconto, il lavoro è una forma di guerra: "It was war for living, and Paul was a soldier...." [163]

Ma se il lavoro è una prova durissima per questi uomini, nel senso di battaglia per la sopravvivenza, esiste anche una dimensione sessuale nei rapporti con esso. Oltre al ritmo sincopato del lavoro che unisce i muratori l'uno con l'altro, esiste anche un rapporto speciale tra i lavoratori e i materiali da essi usati: "Now then!", yells the crew leader, "make love to it! Push into it my children, for this is the money wall!" [164]

Paul è eccitato dai suoi movimenti fisici, dalla forza di creare e di essere parte di quello che sta creando. Questa assimilazione degli uomini con il proprio lavoro ha due risvolti, due effetti contraddittori. Da una parte dà forza e dignità con una potenza quasi mistica:

"In the sun Paul tanned deeply, and his breast muscles showed rounder... Building took his effort but gave reality. Building possessed his mind, but gave Divinity. He played the instrument of his growing power. Quick! up goes this corner! Fast! in goes this arch! Up! up reaches this wall! There was a motion to living , a dazzling nourishing rainbow of hearth and man's bone and flesh.....a fusion within of strength into a propelling beautiful new desire." [165]

---

[162]Contemplò gli attrezzi per un po' di minuti, poi tirò fuori la cazzuola e la ficcò all'interno della cintura sopra al fianco. La cazzuola così portata pareva uno scudo, una spada, e quando camminava verso la periferia dove c'erano i lavori, si sentiva più grande. *Ivi.*, p.79.
[163]Era una guerra per la sopravvivenza, e Paul era un soldato. *Ivi.*, p.109.
[164]"Forza adesso!", strillava il capo cantiere, " fateci l'amore! Spingete dentro ragazzi, perché questo è il muro dei soldi". *Ivi.* p.108.
[165]Al sole Paul si abbronzava in profondità, e i suoi muscoli del petto si mostravano più rotondi. Il costruire prendeva la sua fatica, ma gli dava la realtà. Il costruire si impossessava della sua mente ma gli conferiva un potere divino. Suonava lo strumento della sua forza

Ma in un'altra prospettiva simultanea questa soddisfazione salutare in unione con il lavoro diventa una frustrazione perpetua. L'edificio infatti stanca, sfinisce, e consuma i suoi "amanti", in una dispersione di energia senza fine:

"Men wed themselves to Job with the same new ceremony, the same new energy and fear, the same fierce silence and loss of consciousnes, and the perpetual sense of their wrongness...struggling to fulfill a destiny of never ending debt. These men were the bodies to whom (Paul) would be joined in bondage to Job. Job would be a brick labyrinth that would suck him in deeper and deeper, and there would be no going back. Life would never be a dear music, a festival, a gift of Nature. Life would be the tourque of Wall's battle that distorted straight limbs beneath weight in heat and rain and cold." [166]

L'ultima parte di *Christ in Concrete* racconta dettagliatamente il risveglio doloroso di Paul quando si rende conto dello sfruttamento a cui è sottoposto, e la sua orgogliosa potenza che aveva nutrito ed allevato è una conseguenza del fallimento del padre: *"Papa's life has been used against me....My toil has been used against me."* [167]

Christ in Concrete è anche un romanzo autobiografico di tipo educativo nel senso che mostra un personaggio (l'adolescente Paul) che gradualmente abbandona tutti i miti, le superstizioni e le credenze religiose che avevano sorretto l'esistenza dei suoi genitori, generando in loro un'attitudine di passiva rassegnazione

---

crescente. Svelto! Questo angolo va più in alto! Veloce! Questo arco va fatto più rientrante! Su! Su raggiungi questo muro! C'era un movimento vivente, un abbagliante nutritivo arcobaleno fatto di terra e carne e ossa umane.... una fusione interna di forza in un propellente nuovo bellissimo desiderio.*Ivi*, p.215.

[166]Gli uomini si sposavano con il "Job" con la stessa nuova cerimonia, la stessa nuova energia e paura, lo stesso feroce silenzio e perdita di coscienza, e con il loro perpetuo senso di colpevolezza....lottando per soddisfare un destino di indebitamento infinito. Questi uomini erano i corpi ai quali Paul si sarebbe unito in una sorta di schiavitù insieme al lavoro. "Job" sarebbe stato un labirinto di mattoni che li avrebbe risucchiati sempre più profondamente senza ritorno. La vita quindi non sarebbe stata come una dolce musica, una festa, un dono della natura. La vita sarebbe stata l'avvio della battaglia del muro che avrebbe storto corpi rettilinei sotto il peso, nel caldo, nella pioggia e nel freddo. *Ivi*., p.266.

[167]La vita di Papà è stata usata contro di me .... Il mio duro lavoro è stato usato contro di me. *Ivi*, p.295.

alle ingiustizie passate, presenti e future. Paul acquisisce una coscienza di se stesso e delle sue relazioni con il mondo basata sul rispetto per la vita e sulla speranza che la lotta militante, congiunta all'ideologia di un socialismo umanistico, può far ottenere quella redenzione cercata invano dai suoi genitori.

 Nella scena conclusiva dell'opera la madre di Paul giace morente nel suo letto. All'inizio è scandalizzata dall'ateismo del figlio che si rifiuta di pregare il suo Dio, e dalla sua insistenza che la giustizia e la felicità devono essere ricercate in questo mondo, ma alla fine prima di spirare si rivolge agli altri figli facendogli cenno di seguire Paul e di avere fiducia in lui. Lo stesso Pietro Di Donato ci spiega la sua personale visione della religione sempre nell'intervista del 1985:

"I established that my prayers were invain, that the dead are destroyed forever, and that the whole thing was theatrical. The ceremonies, lies. And I became enemy of lies. Not any amount of success is going to convince me otherwise. They say "Oh God was with me." No, no, God may have been with me but not with the child next door who gets burned, or the innocent killed in an accident. I mean, were they punished or what? This nonsense... If there's a catastrophe, and twenty people are crushed or burned, those who are saved are jubilant and smiling and thanking God. Why did God pick them instead of the other guys?....Who's telling me about God?" [168]

Nella stessa intervista ci offre un suo pensiero sul destino:

---

[168] "Ho avuto la conferma che le mie preghiere erano vane, che quando uno muore è morto per sempre, e che tutta la cosa in sè era teatrale. Le cerimonie, solo menzogne. E io sono diventato nemico delle menzogne. Nessun successo, per quanto grande, mi convicerà diversamente. Si dice" Oh Dio era con me", No, no Dio potrà essere stato con me ma non con il bambino della porta accanto che muore ustionato, o con l'innocente ucciso in un incidente. Voglio dire, dovevano essere puniti o cosa? Tutto ciò non ha senso. Se succede un disastro, e rimangono uccise e bruciate venti persone, quelli che si sono salvati esultano ringraziando Dio. Perché Dio ha scelto loro invece degli altri? Chi è che mi parla di Dio?" P. Di Donato, citato in D. von Huene-Greenberg, *op.cit*. p.47.

"Fate is Italian. The Italian recreates, the Italian is an empirical, visceral dramatist. Every Italian plays the role of God in some sense. That's what makes us unique, that's what makes us arrogant, you know." [169]

Di Donato impiega spesso una tecnica particolare per personalizzare i momenti ironici e le tragedie dell'esistenza del protagonista. Ci mostra come delle persone incolte, ma intelligenti, rispondano agli inganni e alle ingiustizie della società della quale fanno parte attraverso l'umore e il sarcasmo, per mezzo della violenza, della rassegnazione, dell'ardore e della furia rivoluzionaria.

Christ in Concrete riesce a conseguire uno raro risultato letterario, vale a dire, non solo informa, scuote, e provoca la collera del lettore su specifici problemi umani o sociali, ma cambia e trasforma il lettore, lo spinge ad esaminare le basi della propria vita, ponendogli profonde questioni sulla natura e sull'origine del proprio essere.

---

[169] "Il destino è un qualcosa di italiano. L'italiano crea di nuovo, l'italiano è un empirico, viscerale drammaturgo. Ogni italiano recita la parte di Dio in un certo senso. Questo, vedete, è quello che ci rende unici, quello che ci rende arroganti." *Ivi.*, p.37.

Summary

Although many books and articles concerning the ItalianAmerican community are available today, many other important works of history and literature are either out of print, or (otherwise) almost impossible to obtain. In proportion to the number of Americans of Italian extraction there has actually been very little research and scarce attention paid to the Italian-American phenomenon. Much of this lack of attention is due to the commonplace bias found among academics and critics against "working class" groups. Infact, in the United States, what is defined as "Italian" such as the Renaissance, music, literature and art is studied while that which is defined as "Italian-American" is virtually ignored; except of course for the ethnic stereotype.

In the area of fiction the same situation has existed. A comparison between the output of Italian-American literature and Jewish, Black or more recently, Hispanic writing confirms that the situation is the same as far as fiction is concerned. One may legitimately wonder: what is the reason for this lack of attention? Italian American writers often complain that it is due to the indifference of the potential ethnic readership to the subject matter. I discussed this problem in chapter seven and I came to the conclusion that it is caused by a variety of different reasons. One is the different history and experience of the Italian immigrants, another can be the indifference to what has been and is being written. Today this kind of disinterest still exists, due peraphs to the fact that scholars, writers and readers alike believe that they know all there is to know about Italian-American life.

 Many of the difficulties of doing research on Italian Americans stem from the confusion between the reality of the situation and its image, or as it is often phrased "the stereotype" of the Italian-American community.

 I hope that my study (which has not theoretical aims) makes students of the Italian-American experience realize that not only is there more than one social reality concerning people of Italian descent, but also that there is more than one way of looking at them. The negative stereotype of the Italian-American community, so strongly rooted in all fields of American culture, is not merely a public relations problem, but also a professional and academic one too.

In the United States there is an extremely well-developed lexicon of ethnic mythology, and the Italian-American neighborhood, its experience and its image is a popular aspect of this mythology. But, as I tried to demonstrate, the Italian-American experience is much more complex and articulated than that which exists in the collective imagery of the nation.

My research has made me aware of how erroneus one's knowledge of the Italian-American communiy can be, based as it is, in most cases, on a simple-minded image, superficial, and influenced by stereotypes and commonplaces.

 Also the image of Italian-Americans in films and television has been almost always based on superficiality, and even when the characters are likeable, we can still find offensive ethnic models.

 I have attempted in this study to accomplish several interrelated tasks. The first of these tasks was to provide information about the history and the dimensions of Italian immigration in America, from its discovery by Columbus to the present. More than five million Italians have gone to the United States since 1820, when American immigration statistics were first kept. The peak period was in the years between 1880 and 1915 when nearly four million arrived. Eighty five percent of the immigrants came from Southern Italy. Emigration was the only hope they had of improving their lives. I emphasized the reasons which made these *contadini* emigrate, together with the reality of a poverty stricken land, whose only major natural resource was its people.

 The impact with the American society, as shown in the first two chapters was traumatic for these people who were almost exclusively illiterate and unskilled. So the role of the first institutions for the protection of the immigrants (benevolent societies, labor organizations, and the catholic church) was essential to the developement of the Italian-American experience and, in most cases, undervalued.

 In chapters three and four I examined the sociological aspects of Italian-American history, and in particular the way they organized their life, the Italian-American family, the institutions they created and the relationship with American society.

Within Italian districts various institutions emerged which sought to offer guidance and leadership for community residents. Three of them (the mutual aid societies, the Church and the Italian-language press) were really helpful and important for the immigrants; two of them, although as equally essential (the Padrone System and the immigrant bank) merely sought financial profits, often through exploitation, and made no claims about contributing to group welfare. After making fortunes from their exploitation of fellow Italians, many padroni and bankers later emerged as immigrant colony leaders (or *prominenti*), but benevolence was neither their original purpose nor their main goal. Nearly all immigrants turned to mutual aid societies to help them deal with the complexities of life in their new homeland. Also the Italian-American press figured greatly in the life of the communities, serving as a bridge between life in the Italian village and that in American cities, providing identifiable leadership for the immigrant community and voicing group demands and complaints.

As the immigrant generation become subsumed into American society or died out, the need for Italian newspapers declined, and the journals gradually disappeared, being combined or changed into monthly publications. The mutual societies, and the biggest Italian-American organizations such as the Sons of Italy suffered the same fate.

In chapter five I analyzed the present and the probable future of Italian-Americans. After decades of denying their origins, they are now proudly affirming their "italianità". Today we're witnessing the phenomenon of third and fourth generation Italian-

Americans who are interested in their own history, and in the language and culture of Italy.

I tried to show the success achieved by Italian-Americans in all fields of society, such as sports, politics, entertainment and the economy. Despite the stereotype and in some cases their still distorted image, Italian-Americans are now more and more successful and socially mobile. Values which conflicted with the American mould are going to disappear or to be modified under unrecognizable forms. The values which best fitted and fit the American way of life will be retained, such as individualism, aggressiveness and status seeking.

In the future, Italian American neighborhoods may exist only as a literary stereotype. In some cities, Little Italies may persist as tourist attraction, like an Italian-American theme park. In smaller cities and towns these neighborhoods are probably most likely to survive, but they will become subsumed into more or less standard American models, retaining only minor aspects (or nothing at all) of traditional settlements.

The contemporary Italian-American family tends to resemble the smaller, more egalitarian, child-centered units typical of the American middle class. Even among the working class the third and fourth generations are only slightly more patriarchal than other lower class families.

In the search for identity Italian-Americans continue their struggle. In some places discrimination against them is still practiced, but in my opinion, discrimination will disappear as soon as the Italian-Americans stop thinking of themselves as a separate group and make an effort to become a more integral part of the community. In the course of time, Italian-Americans will forget everything Italian unless their heritage is continually brought to mind.

In chapter six I discussed the role and the image of Italian-Americans in American film history. Early films about Italian-Americans were generally about organized crime. Then this tendency gradually changed (but it's still present as shown in many recent films about the Mafia) and in the last decades they have become Hollywood's favourite ethnic group. A famous and successful film such as *The Godfather* epitomized Hollywood's relentless iconization of Italian-Americans not only as a popular cultural embodiment of their ethnic group, but also as symbols of the ethnic experience in general, particularly for the quest for the American Dream. Italian-Americans have become, in fact, a synonym for screen criminality. In the 30's and 40's Italian-American gangsters became a major film personification of social failures, including the crisis of the American Dream. Frustrated in their efforts to reach economic success, Italian-American characters turned to illegal avenues showing violent and aggressive behaviour in their quest for pride, success and prosperity. Colorful, dramatic, violent, sometimes fascinating screen figures, Italian-American criminals had become not only a film fixture and continuous movie message, but also an avenue to Hollywood stardom.

Thoroughout the years, Italian-American screen diversity increased, often resorting to violence, physical or verbal. Then, with the ethnic revival, we witnessed the greatest boom of ethnic theme motion picture in American film history, with film makers of a particular ethnic background seizing the opportunity to examine their own ethnic identities via films. In this display of ethnic roots Italian-Americans took the leading role. What I tried to show is that the stereotype pervades in the history of Italian-Americans in films. Films not even about Italian-Americans often included them as a subsidiary criminal characters. These characters could have been of some other background but film makers decided to make them Italo-Americans, taking advantage of the audience's predisposition, solidified by previous films. This stereotype-based image has been a Hollywood tradition since the introduction of the Indian savage and Mexican bandit of early silent films. In recent films, however, screen Italian-American characters are moving toward an overdue balance in their screen image.

 In the last chapter I discussed how the Italian-American experience has been treated in Italian-American novels and autobiographies. I've also tried to trace a brief history of Italian-American Literature, analyzing the most important authors and their works, and its probable future development.

I came to the conclusion that the Italian community produced few writers because very few Italian-Americans were interested in reading American literature, not even literature which deals with the struggle of the immigrant to establish roots in the United States, and because the potential Italian-American writer was working class and rarely had the time or the need to read and create something literary. They were people with little or no education. They were pioneers and, as pioneers, they had little time and energy for cultural values except for those which they had brought with them from Italy.

 I have focused my attention on the autobiographical novel because it deals with the pure reality of the immigrant experience, and it relates well to what has been discussed in the first five chapters. For the most part, early Italian-American writers such as Panunzio and Di Donato were dealing with contemporary subjects and themes which were based on autobiographical realities and reflections of life in America and recollections of life in Italy. Pietro Di Donato, whose first autobiographical novel, *Christ in Concrete*, received unprecedented national renown, is an example of the difficulty the early Italian-American writer experienced in moving from thought to the written word. His education came more from the streets of New York than its schools. He discovered reading by visits to the library occasioned by a period of unemployment.

Both in his novel and in *The Soul of an Immigrant,* Panuzio's autobiography, we can find at a literary level personal accounts of the immigrant experiences examined in the first part of this study: the arrival in New York, the search for a job, the poverty, the exploitation of the "Padrone System", the difficulty of the new life, the racial prejudices, the family conflicts caused by the different customs, the feeling of alienation and the personal achievement.

 Today, the American of Italian descent who wants to write Italian-American novels, had better make a very thorough analysis of American culture first, and then, see what are the marks of identity or differentiation between that culture and the culture that he has inherited. In the near future they will also, like many great American writers (and Faulkner is an example), document a disappearing culture. Today's Italian-American writers have greater economic, educational, and social opportunities than their predecessors and thus are in a better position to become makers and shapers of American culture.

Like the works of other ethnic groups, the Italian-American novel is now one of the forces which is producing a revitalized and more comprehensive national fiction.

BIBLIOGRAFIA:

AA. VV., *Gli Italiani negli Stati Uniti d' America*, New York, Italian American Directory, 1906.

----, *La popolazione di origine italiana degli Stati Uniti*, Torino, Fondazione G. Agnelli, 1987.

Afron, M.J., *The Italian American in American Films, 1918-1971,* Italian Americana, N.3, (primavera/estate), 1977, pp. 233-35.

Alba, R., *Italian Americans: into the Twilight of Ethnicity*, Prentice-Hall, Englewood Cliffs, 1984.

Aquilano, B., *L'Ordine Figli d'Italia in America*, New York, Società Tipografica Italiana, 1925.

Arnaudo, D.L., *The Status of Italian American Families,* New York, 1983.

Banfield, E.,C., *The Moral Basis of a Backward Society,* New York, The Free Press, 1958.

Barzini, L., *The Italians*, New York,1964.

Basile Green, R., "The Italian American Novel in the Main Stream of American Literature", in Cammet J.M. (ed.), *The Italian American Novel*, Staten Island, New York, The American Italian Historical Association, 1969.

------, *The Italian-American Novel: A Document of the Interaction of Two Cultures*, New Jersey, Fairleigh Dickinson University Press, 1974.

Boelhower, W., *Immigrant Autobiography in the United States* (Four Versions of the Italian American Self), Verona, Essedue Edizioni, 1982.

Brizzolara, A., *The Image of Italian Americans on U.S. Television,* Italian-Americana, N.6, primavera/estate 1962, pp.60-67.

Cammet, J.M., (ed.), *The Italian-American Novel*, Staten Island, New York, The American Italian Historical Association, 1969.

Campisi, P., "Ethnic Family Patterns: The Italian Family in the United States", *American Journal of Sociology,* LIII, Maggio 1948.

Cannistraro, P.V., "Gli italo-americani di fronte all'ingresso dell'Italia nella seconda guerra mondiale", *Rivista di Storia Contemporanea*, Vol. 7, 1976.

Carnovale, L., *Il giornalismo degli emigrati italiani nel Nord America*, Chicago, 1908.

Caroli, Betty Boyd, "Italian Settlement in American Cities", in Nelli H.S. (ed.), *The United States and Italy:The first Two Hundred Years*, Staten Island, New York, American Italian Historical Association, 1977.

-------, "Seguendo il Sole", in AA. VV., *La popolazione di origine italiana negli Stati Uniti*, Torino, Fondazione G. Agnelli,1987.

Cautela, G., *Moon Harvest*, New York, Dial, 1925.

Chapman, C.G., *Milocca, A Sicilian Village*, Cambridge, Mass., 1971.

Cinel, D., *From Italy to San Francisco*, Stanford, California, 1982.

Ciolli, D., "The Wop in the Track Gang", *The Immigrants in America Review*, II, Luglio 1916.

Clarens, C., *Crime Movies: From Griffith to the Godfather and Beyond*, New York, Norton, 1980.

Corsi, E., *In the Shadow of Liberty*, New York, Macmillian Co.,1935.

Cortés, C.E., "Italian-Americans in Film: From Immigrants to Icons", in AA. VV., *Italian-American Literature,* Melus, V.14, n. 3/4, 1988, pp. 106-125.

Davis, M., *Immigrant Health and the Community,* New York, Harper & Brothers Publishers, 1921.

Daniels, R., *Coming to America. A History of Immigration and Ethnicity in American Life,* New York, Harper Perennial, 1990.

De Capite, M., *No Bright Banner,* New York, John Day, 1948.

Di Donato, P., *Christ in Concrete*, Indianapolis, Bobbs-Merril,1939.

Diggins, J.P., *Mussolini and Fascism. The View from America,* Princeton, Princeton University Press, 1972.

Fante, J., *Dago Red*, New York, Viking, 1940.

Fenton, E., *Immigrants and Unions, A Case Study. Italians and American Labor, 1870-1920,* New York, 1975.

Fichera, F., *Letteratura Italo-Americana*, Milano, Ed. Convivio Letterario, 1958.

Foerster, R.F., *The Italian Emigration of our Times,* Cambridge Mass., 1919.

Franzoni, A., *Gli interessi italiani in New York,* Roma, Tipografia dell'Unione Coop. Editrice, 1908.

Fumento, R., *Tree of Dark Reflections*, New York, Knopf, 1962.

Gambino, R., *Blood of my Blood*, New York, Doubleday, 1974.

Gastaldo, P., "Gli americani di origine italiana: chi sono, dove sono, quanti sono", in AA.VV., *La popolazione di origine italiana negli Stati Uniti*, Torino, Fondazione G. Agnelli, 1987.

Ginzburg, E., *Il proletariato italiano di Filadelfia all'inizio del secolo*, Roma, Centro Studi Emigrazione,1976, "Estratto", 12 p.

Goodman, E.F., *Rendevouz With Destiny: A History of Modern American Reform*, New York, 1952.

Iorizzo, L. Mondello, S., *The Italian Americans*, New York, Twayne Publishers, 1971.

Juliani, R.N., (ed.), *The Family and Community Life of Italian Americans*, Staten Island, New York,1983.

Kessner, T., *The Golden Door: Italian and Jewish Immigrant Mobility in New York City, 1880-1915*, Oxford University Press,1978.

Kobler, J., *The Life and World of Al Capone*, New York,1952.

La Guardia, F., *The Making of an Insurgent,* Philadelphia, 1948.

La Polla, G.M., *The Grand Gennaro*, New York, Vanguard, 1935.

Lopreato, J., *Italian Americans*, New York, Random House, 1970.

Maffei, G. , *L' Italia nell' America del nord*, Valle di pompei, 1924.

Maffi, M., *Gateway to the Promised Land. Ethnic Cultures in New York's Lower East Side*, New York University Press, 1995.

Mangione, J., *Mount Allegro*, Boston, Houghton Mifflin Co., 1942.

Martinson, Mansfield, F., *Family in Society,* New York,1970.

Miele, S., "America as a Place to Make Money", *World's Work,* XIL, Dicembre 1920.

Miller, A., *A View from the Bridge*, New York, Bantam, 1972.

Miller, W.C., (ed.), *A Comprehensive Bibliography for the Study of American Minorities*, Volume I, New York, New York University Press, 1976.

Mormino, G.,R., *Immigrants on the Hill - Italian Americans in St.Louis,* University of Illinois Press, 1986.

Nelli, H.S., *Italians in Chicago,1880-1930,* New York, Oxford University Press, 1970.

------, *From Immigrant to Ethnics, The Italian Americans*, New York, Oxford University Press, 1983.

------, "The Italian Padrone System in the United States", *Labor History,* V, primavera 1964.

-------, (ed.), *The United States and Italy: the First Two Hundred Years*, Staten Island, New York, American Italian Historical Association, 1977.

Nevins, A., Commager, H.S., *Storia degli Stati Uniti,* Torino, Einaudi, 1976.

Panunzio, C.M., *The Soul of an Immigrant* [1924], New York, Arno Press, 1969.

Park, R.E., *The Immigrant Press and its Control,* New York, 1922.

-------, "Foreign Press and Social Progress," in *Proceedings of the National Conference of Social Work,* 1920.

Perilli, G. , *Colorado and the Italians in Colorado,* Denver, 1922.

Peragallo, O., *Italian-American Authors and Their Contribution to American Literature,* New York, 1949.

Pozzetta, G., "The Italian Immigrant Press of New York City: The Early Years, 1880-1915", *Journal of Ethnic Studies,* I, 1973, 32-46.

Preziosi, G., *Gl'Italiani negli Stati Uniti del Nord,* Milano, 1909.

Puzo, M., *The Godfather,* New York, Putnam,1969.

Rolle, A.F., *The Immigrant Upraised: Italian Adventurers and Colonists in an Expanding America,* Norman, Oklahoma,1968.

Rosatoni, G. *Fraternità italoamericana,* Roma, Istituto Grafico Tiberino, 1960.

Rosow, E., *Born to Lose: The Gangster Film in America,* New York, Oxford University Press, 1978.

Salvemini, G., *Italian Fascist Activities in the United States,* New York, Center for Migration Studies,1977.

Sartorio, H.,C., *Social and Religious Life of Italians in America,* Boston, 1918.

Scarpaci, V., *A Portrait of the Italians in America,* New York, Charles Scribner's Sons, 1982.

Siciliano, D., *Fra gli italiani degli Stati Uniti d'America*, Roma, Stabilimento Poligrafico per l'Amministrazione della Guerra, 1922.

Smith, D., *Sons of the Godfather*, Italian Americana, Vol.2, p.191-208.

Sollors, W., *Beyond Ethnicity. Consent and Descent in American Culture*, Oxford University Press, 1986.

Sowell, T., *Ethnic America, a History,* New York, Basic Books 1981.

Stella, A., *Some Aspects of Italian Immigration to the United States,* New York, 1924.

Sweet, Marie M., *The Italian Immigrant and His Reading*, New York, 1925.

Tomasi, L., *The Italian American Family*, New York, Center for Migration Studies, 1972.

-------, (ed.), *The Italian in America: the Progressive View 1891-1914*, New York, Center for Migration Studies, 1978.

Tomasi, S., (ed.), *Perspectives in Italian Immigration and Ethnicity*, New York, Center for Migration Studies, 1977.

Tricarico, D., "The Italians of Greenwich Village: The Restructuring of Ethnic Community", in R.N. Juliani (ed.), *The Family and Community Life of Italian Americans*, Proceedings of the Twelfth Annual Conference of the American Italian Historical Association, Staten Island, New York, 1983.

Vecoli, R. J., "Italian American Workers, 1880-1920", in Tomasi S. (ed.), *Perspectives in Italian Emigration and Ethnicity*, New York, Center for Migration Studies,1977.

------, "The Italian American Literary Subculture: An Historical and Sociological Analysis", in Cammet J.M.(ed.), *The Italian American Novel*, The American Italian Historical Association, Proceedings of the Second Annual Conference, Staten Island, N.Y., 1969.

-------, "La ricerca di un'identità americana: continuità e cambiamento" in AA.VV., *La popolazione di origine italiana degli Stati Uniti*, Torino, Fond. G.Agnelli, 1987.

Vergara, J., *Love and Pasta*, New York, Harper & Row, 1969.

Villari, L., *Gli Stati Uniti d'America e l'emigrazione italiana*, Milano, 1912.

Williams, T., *The Rose Tatto,* New York, New Directions, 1951.

www.ingramcontent.com/pod-product-compliance
Lightning Source LLC
Chambersburg PA
CBHW082334270726
48658CB00017B/2833